바람 잘 날 없는
지구촌 국제 분쟁

바람 잘 날 없는 지구촌 국제 분쟁

2판 2쇄 발행 2024년 6월 19일

글쓴이	묘리
그린이	주형근
펴낸이	이경민
펴낸곳	㈜동아엠앤비
출판등록	2014년 3월 28일(제25100-2014-000025호)
주소	(03737) 서울특별시 마포구 월드컵북로 22길 21, 2층
전화	(편집) 02-392-6901 (마케팅) 02-392-6900
팩스	02-392-6902
전자우편	damnb0401@naver.com
SNS	f ⓘ blog

ISBN 979-11-6363-276-4 (74400)

※ 책 가격은 뒤표지에 있습니다.
※ 잘못된 책은 구입한 곳에서 바꿔 드립니다.
※ 이 책에 실린 사진은 위키피디아, 셔터스톡에서 제공받았습니다.

도서출판 뭉치는 ㈜동아엠앤비의 어린이 출판 브랜드로, 아이들의 지식을 단단하게 만들어 주고, 아이들의 창의력과 사고력을 키워 주어 우리 자녀들이 융합형 창의 사고뭉치로 성장할 수 있도록 좋은 책을 만들겠습니다.

| 펴내는 글 |

국제 사회는 정의에 의해 움직일까? 힘에 의해 움직일까?
국제 분쟁이 더 이상 일어나지 않도록 서로 사이좋게 지낼 방법은 없을까?

선생님의 질문에 교실은 일순간 조용해지기 시작합니다. 인내심이 한계에 다다른 선생님께서 콕 집어 누군가의 이름을 부르는 순간 내가 걸리지 않았다는 안도감에 금세 평온을 되찾지요. 많은 사람 앞에서 어떻게 말을 해야 할까 고민 한번 해 보지 않은 사람은 없을 겁니다.

사람들 앞에서 자신의 생각을 조리 있게 전달하는 기술은 국어 수업 시간에만 필요한 것이 아닙니다. 학교 교실뿐만 아니라 상급 학교 면접 자리 또는 성인이 된 후 회의에서도 자신의 의견을 분명히 표현할 수 있어야 합니다. 하지만 어디서부터 시작해야 할지 몰라 입을 떼는 일이 쉽지 않습니다. 혀끝에서 맴돌다 삼켜 버리는 일도 종종 있습니다. 얼떨결에 한마디 말을 하게 되더라도 뭔가 부족한 설명에 왠지 아쉬움이 들 때도 많습니다.

논리적 사고 과정과 순발력까지 필요로 하는 토론장에서 자신만의 목소리를 내려면 풍부한 배경지식은 기본입니다. 게다가 고학년으로 올라가서 배우는 수업과 진학 시험에서의 논술은 교과서 속의 내용만을 요구하지 않습니다. 또한 상대의 의견을 받아들이거나 비판하기 위해서도 의견의 타당성과 높은 수준의 가치 판단을 해야 하는 경우가 많은데, 자신의 입장을 분명히 하기 위해선 풍부한 자료와 논거가 필요합니다.

토론왕 시리즈는 사회에서 일어나는 다양한 사건과 시사 상식 그리고 해마다 반복되는 화젯거리 등을 초등학교 수준에서 학습하고 자신의 말로 표현할 수 있도록 기획되었습니다. 체계적이고 널리 인정받은 여러 콘텐츠를 수집해 정리하였고, 전문 작가들이 학생들의 발달 상황에 맞게 스토리를 구성하였습니다. 개별적으로 만들어진 교과서에서는 접할 수 없는 구성으로 주제와 내용을 엮어 어린 독자들이 과학적 사고뿐만 아니라 문제 해결력, 비판적 사고력을 두루 경험할 수 있도록 하였습니다. 폭넓은 정보를 서로 연결 지어 설명함으로써 교과별로 조각나 있는 지식을 엮어 배경지식을 보다 탄탄하게 만들어 줍니다. 뿐만 아니라 국어를 기본으로 과학에서부터 역사, 지리, 사회, 예술에 이르기까지 상식과 사회에 대한 감각을 익히고 세상을 올바르게 바라보는 눈도 갖게 할 것입니다.

  글로벌 사회가 되면서 우리 어린이들은 예전에 비해 세상에 대해 많은 것을 알게 되었지만 아직도 국제 분쟁에 관해서는 거의 모르고 있는 것이 현실입니다. 중국과 일본의 동중국해 열도 분쟁, 중국과 필리핀의 남중국해 분쟁, 영국의 브렉시트 탈퇴를 둘러싼 영국과 유럽의 정세, 나라 없는 설움을 극복한 이스라엘과 터전에서 쫓겨난 팔레스타인 사람들 간의 갈등, 내전과 테러, 이민 문제로 바람 잘 날 없는 시리아, 기아와 빈곤의 나라 소말리아에 이르기까지, 이 책에 나와 있는 전 세계의 국제 분쟁 이야기를 읽다 보면 국제 분쟁에 대해 정확하게 이해하고, 대안으로는 어떤 방법들이 있는지를 알게 될 것입니다. 이 책을 통해 독자 여러분이 국제 분쟁에 대한 다양한 정보와 특성을 이해하고, 그 과정에서 나타나는 여러 가지 사회 현상을 파악해 올바른 가치관을 갖게 된다면 더없이 소중한 시간이 될 것입니다.

편집부

펴내는 글   4

각국의 어린이 대표들, 국제연합(UN) 뉴욕 본부에 모이다!   8

1장   센카쿠 열도야 댜오위다오야? : 일본과 중국   11

이 나라에 이런 일이!

무인도를 탐내는 두 강대국 · 역사적으로 따져 볼까! · 중국과 일본 사이에 낀 우리나라

토론왕 되기! 국제 사회는 정의에 의해 움직일까? 힘에 의해 움직일까?

2장   이제 우리 헤어져! : 유럽연합(EU)과 영국   35

이 나라에 이런 일이!

EU는 왜 만들어졌을까? · 위기를 맞은 EU · 영국아, 왜 EU를 떠나는 거니?

토론왕 되기! 어떤 정치 제도가 우리의 삶을 풍요롭게 할 수 있을까?

3장   약속의 땅인가, 눈물의 땅인가? : 이스라엘과 팔레스타인   63

이 나라에 이런 일이!

유대인의 나라 없는 설움 · 터전에서 쫓겨난 팔레스타인 사람들 · 하마스와 인티파다, 팔레스타인의 분노 · 끝이 보이지 않는 갈등

토론왕 되기! 이스라엘과 팔레스타인이 평화롭게 공존할 방법은 없을까?

4장 **내전에서 IS까지 바람 잘 날 없어라 : 시리아** 85

이 나라에 이런 일이!
알-아사드 일가의 40년 독재 • 민주화 운동에서 내전으로 • 테러로 세계를 공포에 떨게 하는 IS • 각국으로 탈출하는 시리아 난민
토론왕 되기! 우리나라도 난민을 받아들여야 할까?

5장 **우리 아빠는 해적입니다 : 소말리아** 113

이 나라에 이런 일이!
식민지에서 기아와 빈곤의 나라가 되기까지 • 소말리아를 괴롭히는 내전, 또 내전 • 앉아서 굶어 죽느니 해적이 되리라
토론왕 되기! 소말리아, 지원이 먼저? 해적 퇴치가 먼저?

국제 분쟁 관련 사이트　135
어려운 용어를 파헤치자!　136
신나는 토론을 위한 맞춤 가이드　139

각국의 어린이 대표들, 국제 연합(UN) 뉴욕 본부에 모이다!

1장

센카쿠 열도야 댜오위다오야?

일본과 중국

이 나라에 이런 일이!

2016년 5월 17일.

일본의 전투기 두 대가 급하게 동중국해 해상으로 날아올랐어요.

"치익-치익--. 여기는 독수리 투, 독수리 투. 동중국해 해상에서 중국 전투기 발견! 경고 태세 취하는 중입니다."

"좋아. 중국 전투기에 본때를 보여주도록!"

일본 측은 전투기를 급히 보내 동중국해 해상을 날고 있는 중국 전투기에 경고 메시지를 보냈습니다.

그러나 중국도 만만치 않았어요.

"여기는 날다람쥐. 동중국해 해상 순찰 중 일본 전투기가 따라붙었습니다. 어떻게 할까요?"

"과감히 대응하도록! 충돌하지는 않도록 조심해! 위협해서 쫓아내 버려."

"네, 알겠습니다!"

같은 시각, 중국도 일본 전투기를 쫓아내라는 명령을 내리고 있었지요.

'위이이이이이이이잉- 위이이이이이이이이이이잉-.'

2016년 5월, 동중국해 해상은 언제 전쟁이 터질지 모르는 위기 상황으로 치닫고 있었답니다.

곤니찌와! 저는 일본 대표 후지이 게이고입니다. 요즘 우리나라는 센카쿠 열도 때문에 중국과 사이가 좋지 않아요. 얼마 전에는 일본과 중국의 전투기가 대립하면서 거의 전쟁이 날 뻔했대요. 불법으로 일본 땅을 침범하려는 중국을 더는 두고 볼 수 없습니다. 저는 이 자리에서 센카쿠는 확실히 일본 땅이라는 것을 주장하려고 합니다. 다른 나라 여러분도 저희에게 힘을 실어 주시기 바랍니다.

따자하오! 중국에서 온 장인커입니다. 댜오위다오가 일본 영토라는 것은 일본의 일방적인 주장일 뿐입니다. 댜오위다오가 중국 땅이라는 것은 역사가 증명하고 있습니다. 중국도 전쟁을 원하지 않습니다. 다만 빼앗긴 땅을 되찾고 싶을 뿐이지요. 일본이 이렇게 나온다면 중국도 손 놓고 보고 있지만은 않을 것입니다.

센카쿠 열도야 댜오위다오야?

무인도를 탐내는 두 강대국

　동중국해에는 일본식으로 부르면 '센카쿠', 중국식으로 부르면 '댜오위다오'가 되는 열도 지역이 있어요. 열도란 줄지어 늘어선 모양의 섬들을 한데 묶어서 일컫는 말이에요. 보통 지리적 명칭은 소유한 나라가 부르는 대로 지칭하는 것이 일반적인데, 이 지역은 왜 일본과 중국이 각각 이름을 붙인 걸까요? 그건 두 나라 모두 이 열도가 자신의 소유라고 주장하고 있기 때문이에요. 사람도 살 수 없는 아주 작은 무인도로 구성된 이 열도를 두고 두 나라는 왜 대립하는 걸까요?

　1960년대 말까지 이 지역은 분쟁 지역이 아니었어요. 당시만 해도 공산주의 진영을 대표하는 소련·중국과 자본주의 진영을 이끄는 미국·서유럽 국가·일본 등이 대립하는 냉전˙ 시기라 이 문제는 큰 관심을 끌지

일본·중국·타이완 영유권 분쟁 지역인 센카쿠 열도(일본명) / 댜오위다오(중국명)

못했거든요. 중국과 일본의 교류도 매우 적었지요. 그러던 중 1960년대 말 동중국해 일대에 엄청난 양의 석유가 묻혀 있다는 것이 알려지면서 갈등이 시작됐어요. 지금도 석유는 중요한 자원이지만 당시에는 더욱 그러했지요. 1970년대 두 차례에 걸친 석유 파동으로 석유 가격이 치솟자 세계 경제가 휘청거렸던 것만 봐도 석유가 얼마나 중요한 자원인지를 확인할 수 있어요. 그러나 1972년 일본의 다나카 수상과 중국의 저우언라이 총리가 이 문제를 일단 묻어 두기로 하면서, 당장의 갈등을 미루었지요.

 냉전이란? 실질적으로 전투가 발생하는 전쟁 상황은 아니지만, 전쟁 상황이나 마찬가지로 긴장감이 절정에 달해 있는 상황을 말해요. 일반적으로 제2차 세계대전 이후부터 공산주의 진영을 이끌던 소련이 붕괴한 1991년까지를 말하지요.

존 C. 스테니스 항공모함(왼쪽)과 영국의 일러스트리우스 항공모함(오른쪽)

　게다가 이곳은 지정학적으로도 중요한 위치에 있어요. 중국 입장에서 보자면 이곳은 태평양으로 나아가는 바닷길이지요. 댜오위다오를 확보하면 일본과 대한민국, 타이완(대만) 등 동아시아 지역 곳곳을 배를 통해 오갈 수 있답니다. 우리가 여행을 다닐 땐 주로 비행기를 이용하니까 뱃길이 무엇이 그리 중요할까 싶지요? 하지만 수출이나 수입을 위해 물건을 옮기는 화물선이나 국방력의 핵심인 항공모함 같은 경우에는 바다를 이용하기 때문에 바닷길은 매우 중요하답니다.

　또 댜오위다오 지역을 차지하면 중국이 가장 라이벌로 여기는 미국을 견제할 수 있어요. 일본, 대한민국, 타이완 등이 미국의 우방국이거든요. 우방국이란 우호적인 관계를 맺고 있는 나라를 말해요. 경제, 군사, 정치

등 여러 방면에서 밀접한 협력 관계에 있는 나라이지요. 미국의 우방국에 쉽게 접근할 수 있으면 자연히 미국을 견제할 수단이 되지 않겠어요?

게다가 중국 대륙의 경계선보다 훨씬 동쪽으로 나아가 있는 댜오위다오를 중국 영토로 삼을 경우 중국의 영해를 기존보다 더 넓게 확보할 수 있다는 것도 중국이 댜오위다오를 확보하려는 이유이지요. 중국의 영해법은 중국 주변 섬들을 이은 직선에서 12해리까지를 중국의 영해로 정

영해란? 영토에 인접한 해역으로서 그 나라의 통치권이 미치는 바다를 영해라고 해요. 대부분의 나라들이 초기에는 영해를 3해리로 설정하였지만, 최근에는 수산 자원의 확보와 해저의 지하자원(석유, 가스 등) 확보에 더 큰 의미를 두어 12해리(약 22킬로미터)의 범위 안에서 영해의 폭을 결정할 권리를 갖는 데 합의했답니다.

센카쿠 열도야 댜오위다오야?

의하고 있거든요.

같은 이유에서 일본은 센카쿠 열도를 절대로 빼앗길 수 없지요. 미국 역시 일본 편을 들고 있고요. 일본은 이미 그곳을 실제로 지배하고 있어서 이러한 분쟁 자체가 말도 안 된다는 입장이에요. 영토 분쟁에 있어서는 실질적으로 그 땅을 어느 쪽이 지배하고 있는가(실효 지배)가 중요한 판단 요소랍니다.

한동안 잠잠하던 상황이 본격적으로 떠오른 것은 2010년 중국 어선을 일본 순시선이 사로잡으면서부터예요. 2010년 9월 동중국해 해상에서 센카쿠 열도를 순찰하던 일본 순시선과 중국 어선이 충돌하는 사고가 발생했어요. 일본 측 순시선은 불법 어업을 했다며 중국 어선을 사로잡고는 중국인 선장을 가두었어요.

이에 중국 측이 즉각 반발하고 나서면서 외교 문제가 발생했어요. 일본은 일본 바다에서 몰래 물고기를 잡은 선장을 벌주어야 한다고 주장했어요. 선장은 17일 동안 일본에 갇혀 있었지요. 이 기간 동안 양쪽의 신경전은 대단했어요. 앞으로 동중국해 열도 문제에서 어느 쪽이 주도권을 쥘지가 이 문제를 어떻게 풀어 가는지에 달려 있었지요.

중국은 갖은 수단을 동원해 일본을 압박하기 시작했어요. 그중 대표적인 수단으로 사용되었던 것이 희토류●의 수출을 막은 것이에요.

일본은 첨단 자동차, 첨단 IT기기 등을 주로 생산하는 국가예요. 그렇

'일본인과 개 출입금지'라고 문 앞에 써 놓은 중국 음식점

21세기 첨단 산업의 각종 분야에 꼭 필요한 희토류

기 때문에 중국이 희토류를 수출하지 않거나 비싸게 팔면, 일본 경제에 심각한 악영향을 끼치지요.

뿐만 아니라 중국 내에서 반일 시위도 거세게 일어났어요. 성난 시위대는 일본인에 적대감을 드러냈을 뿐만 아니라, 중국에 진출해 있는 일본 기업에 불을 지르거나 물건을 부수는 등 피해를 입혔지요. 일본 상품을 소비하지 말자는 불매 운동도 일어나 일본이 중국에 수출하던 상품량이 크게 줄기도 했어요. 이러한 상황은 2010년 이후에도 동중국해 열도에서 분쟁이 벌어질 때마다 반복됐어요.

상황이 이렇게 되자 일본 정부는 중국인 선장을 계속해서 구속하는 것

희토류란? 자연 상태에서는 매우 드물게 존재하는 금속 원소로, 21세기 첨단 산업의 각종 분야에 꼭 필요한 광물질이에요. 중국은 희토류 매장량이 세계 1위인 나라이지요.

이 부담스러워져 결국 중국인 선장을 풀어 주기로 결정했어요. 이렇게 이번 사건은 일단락되었지만, 그 후에도 비슷한 상황이 지속적으로 발생했어요. 심지어 군사적인 충돌이 예상될 만큼 긴장감이 높아지기도 했지요. 지금까지도 이 문제는 두 나라의 민감한 정치적 사안으로 해결되지 못하고 있어요.

한편 남중국해를 둘러싸고 비슷한 논란이 진행 중이에요. 남중국해는 중국, 베트남, 필리핀, 타이완, 말레이시아, 브루나이 등이 둘러싸고 있는 해역을 말해요. 이 바다를 얼마나 더 많이 차지하느냐를 두고 각 나라는 오랜 시간 논쟁해 왔어요. 이곳 역시 동중국해처럼 군사적으로 매우 중요한 곳이에요. 작은 섬들이 곳곳에 있어서 군사기지를 설치하기에 편리하거든요. 또 천연가스나 석유가 많이 매장되어 있다고 알려져 있는 데다 상품을 운송하는 전 세계 선박의 절반이 이 지역을 지난다고 해요.

남중국해를 둘러싼 각국의 대립 　　　　　　　　　'중국은 조금도 작아질 수 없다'고 쓰인 포스터

이곳을 차지하게 되면, 남중국해를 꼭 이용해야만 하는 국가에 막강한 영향력을 행사할 수 있게 되는 거예요. 이곳을 못 다니게 막아 버리면 물류 수송에 큰 차질이 생기고 말 테니까요.

중국은 옛 지도와 문헌을 증거로 대면서 한나라 때부터 남중국해를 중국이 통치해 왔다고 주장해요. 남중국해를 더 많이 차지하기 위해 바다 위에 시멘트를 퍼부어 인공섬을 만들기까지 했지요. 인공섬을 기준으로 바다 위에 선을 그으면 남중국해의 90퍼센트 정도를 확보할 수 있거든요.

남중국해는 중국 영토라고 말하는 연예인들

네덜란드에 위치한 상설중재재판소가 남중국해 분쟁에 대해 판결을 내린 이후 우리나라에서 활동하고 있는 중국 출신 연예인 몇몇이 SNS에 '남중국해는 중국 영토'라는 의미의 글이나 이미지를 올렸어요. 상설중재재판소의 판결에 항의하고, 중국에 이익이 되는 길을 지지하겠다는 것이지요. 이러한 입장을 밝힌 연예인 중에는 아이돌 그룹에 소속된 멤버도 있어요. 누리꾼들의 의견은 여럿으로 나뉘었어요. 옳고 그름을 가리지 않고 무작정 자국의 편만 든다고 비판하는 사람도 있었고, 애국심은 만국 공통이므로 이해할 수 있다는 의견도 있었어요. 유명한 아이돌 그룹의 경우 세계 각지에 팬이 있는 만큼 중국 팬은 지지와 찬사를, 그 외 국가의 팬은 우려와 비판적인 태도를 보이기도 했어요.

이처럼 남중국해 문제는 비단 정치인이나 외교관만이 관심을 갖는 먼 곳의 일이 아니라, 우리나라에서 활동하는 중국 출신 연예인, 더 나아가 우리나라에 거주하는 모든 중국인이나 필리핀인의 큰 관심사예요. 따라서 우리가 어떻게 이 일을 판단하고 대처해야 할지에 대해 이 책을 읽는 여러분도 함께 생각해 봐야 한답니다.

남중국해를 둘러싸고 있는 다른 나라들은 이에 대해 즉각 반발했어요. 그중에서도 필리핀은 2013년, 이에 반대하는 안건을 네덜란드 헤이그의 상설중재재판소에 올렸어요. 2016년 7월 12일, 상설중재재판소는 필리핀의 손을 들어 주었어요. 중국의 주장이 법적 근거가 없다는 것이지요. 그럼에도 중국은 '중국은 조금도 작아질 수 없다'며 실력 행사도 불사하겠다고 나서고 있어요. 동아시아 국가들 간의 갈등으로 인해 동아시아의 정세는 매우 불안정한 상황이지요.

역사적으로 따져 볼까!

중국과 일본 모두 댜오위다오 혹은 센카쿠 열도가 역사적으로 아주 오래전부터 자기 나라에 속해 있었다고 주장해요.

중국은 명나라 때부터 이 지역을 다스리고 있었다며 여러 문헌과 고지도를 근거로 삼아요. 명대 이후 작성된 자료에서 지속적으로 이 지역을 중국 땅으로 표기해 왔다는 거예요. 그런데 1894년 일본이 청일전쟁을 일으켜 중국으로부터 빼앗아 갔다는 것이지요. 청일전쟁 이후 청나라와 일본은 시모노세키 조약˙을 맺었는데, 이에 따라 청나라는 타이완을 비롯한 섬들과 기타 영토를 일본에 넘긴 데다 배상금을 지불하고 각종 이권까지 내주어야 했거든요. 중국은 일본이 빼앗아 간 땅은 제2차 세계대전이 독일과 일본의 항복으로 끝나면서 맺은 협약에 따라 중국으로 반환되어야 마땅한데, 미국의 개입으로 돌려받지 못했다고 주장하지요.

일본과 청나라가 시모노세키 조약을 맺는 장면

제2차 세계대전이 끝날 무렵 미국은 일본의 나가사키와 히로시마에 원자폭탄을 투하했어요. 인류 역사상 최초로 핵폭탄이 쓰인 전쟁이었지요. 일본은 무조건 항복을 선언했고, 미국은 일본의 오키나와를 비롯한 동중국해 열도 지역을 장악했어요. 그 후 미국은 1972년 오키나와를 일본에 돌려주면서 그들이 점거하고 있던 동중국해 열도 지역까지 일본에 주었답니다. 중국은 이때 동중국해 열도가 잘못 반환되었다고 주장해요. 미국이 주인을 잘못 찾아 주었다는 거지요.

한편 일본은 1879년 류큐 왕국이던 오키나와를 점령하고 일본으로 흡수할 당시 이미 동중국해 열도 지역이 일본에 편입된 것이라고 주장해

 시모노세키 조약이란? 1895년 4월 17일 청나라와 일본이 일본 시모노세키에서 체결한 강화조약으로, 청은 조선의 독립을 인정하고 일본은 조선에 대한 정치적·군사적·경제적 지배권을 갖는다는 내용이에요.

핵 실험

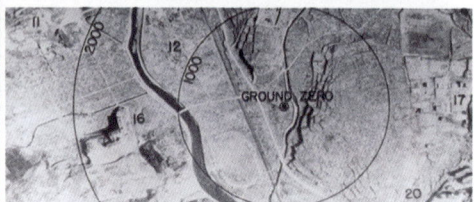
1945년 8월 9일 핵무기 투하 전·후의 나가사키

요. 일본의 주장에 따르면 센카쿠 열도는 원래부터 일본 영토였지 청일 전쟁으로 중국에게서 빼앗은 것이 아니기 때문에 돌려줄 이유가 없다는 거지요. 앞서 이야기했듯이 영토 분쟁에서는 실질적으로 누가 관리하고 있는지, 즉 실효 지배를 행사하고 있는지가 중요한데 이것만 봐도 일본 영토임이 확실하다는 주장이지요. 반면 중국은 미국의 개입으로 일본이 실질적으로 지배하는 것일 뿐 순리대로라면 중국 영토여야 한다고 맞서고 있어요.

이처럼 동중국해 열도 지역을 둘러싼 중국과 일본의 대립은 심각한 외교 분쟁과 양국 국민들 간의 감정 싸움으로 타올랐다가, 양국 관계가 원만해지면 논란을 잠시 덮어 두는 방식으로 이어지고 있어요. 그렇기 때문에 언제 문제가 불거질지 알 수 없는 상황이랍니다. 최근에도 중국과 일본 전투기가 공격 직전까지 가는 일촉즉발의 상황이 발생하기도 했어요.

그런데 동중국해에서 일본과 중국만 분쟁을 벌이고 있는 것은 아니에요. 타이완도 동중국해 열도에 대해 자신들의 권리를 주장하고 있지요. 하지만 중국은 타이완을 별개의 국가로 인정하지 않아요. '하나의 중국'을 슬로건으로 내세우며 타이완뿐만 아니라 티베트나 홍콩 등 독립을 주장하는 다른 지역의 반발을 억누르고 있지요. 중국이 경제대국으로 부상하면서 타이완은 그동안 국제 사회에서 누리던 지위를 중국에 빼앗겼을

중국까지 뻗친 일본의 제국주의 야욕

20세기 초, 일본은 제국주의 대열에 뒤늦게 뛰어들었어요. 일본이 조선에 저지른 만행과 수탈은 우리나라 근대사의 아픔으로 깊이 자리하고 있지요. 강제 징용과 일본군 성노예(위안부) 문제는 지금도 끊임없이 일본에 책임을 묻는 상황이에요. 또 친일파를 제대로 벌주지 못하면서 왜곡된 근현대사는 우리 사회의 부끄러운 부분이지요.

일본은 중국에서도 여러 만행을 저질렀어요. 1932년에는 중국 대륙에 만주국이라는 나라를 세워 일본의 손아래 두고 조종했으며, 1937년에는 난징이란 도시에서 30만 명의 사람들을 죽인 것으로 추정되고 있어요. 동중국해 열도를 두고 벌어지는 양국의 신경전은 이처럼 역사적으로 얽힌 두 나라 간의 앙금으로 인해 더욱 첨예하게 대립하고 있어요. 앞서 이야기했듯이 댜오위다오 지역이 1895년 일본이 청나라에게서 빼앗은 곳이라는 중국의 주장과 그렇지 않다는 일본의 주장이 맞서고 있는 만큼, 제국주의 시대에 일본이 저지른 잘못을 재조명할 필요가 있어요. 오늘날의 동중국해 열도 분쟁은 제국주의 시대부터 이어진 양국의 비극적인 근현대사가 아직 해결되지 못한 것이라고도 볼 수 있답니다.

뿐만 아니라 유엔(UN, 국제연합) 등 국제 사회도 타이완을 국가로 인정하지 않게 되었어요. 중국이 세계 경제에 끼치는 영향력이 어마어마해서 중국과 교류하지 않는 나라는 국가 경제에 심각한 타격을 입게 되거든요.

자연히 타이완의 목소리는 줄어들게 되었고, 이는 동중국해 열도 문제에서도 고스란히 드러나고 있어요. 각국 언론은 중국과 일본의 갈등만을 보도할 뿐 타이완의 입장은 전달하고 있지 않아요. 그러면서 센카쿠 열도 또는 댜오위다오 문제는 일본과 중국 사이의 문제라고 인식하게 된 것이랍니다.

중국과 일본 사이에 낀 우리나라

중국과 일본이 동중국해를 두고 대립이 심해지자 두 나라 가운데 위치한 우리나라의 입장이 매우 난처하게 되었어요. 중국과 일본 모두 우리나라와 깊은 관계를 맺고 있기 때문이에요. 우선 중국은 한국 경제에 미치는 영향력이 엄청나요. 우리나라가 수출하는 물건을 가장 많이 사는 나라가 중국이거든요. 중국 내에서 한국에 대한 이미지가 나빠져 한국 상품 불매 운동이 벌어지거나, 극단적으로 중국 정부가 한국 상품 수입을 금지하기라도 하면 우리나라 경제는 매우 큰 타격을 입고 말아요.

한편 한국과 미국은 한국전쟁을 거치면서 군사적으로 서로 돕는 우방국이 되었어요. 미국은 남한을, 소련과 중국은 북한을 지원해 한국전쟁을 치렀지요. 전쟁 후 나라를 다시 세우는 과정에서도 미국과 한국은 긴밀한 관계를 유지했어요. 지금도 우리나라에는 미군이 주둔하고 있지요. 물론 이에 반대하는 사람들도 있어요. 주권이 있는 나라에 타국의 군대가 주둔하는 것은 굴욕적이라는 이유에서지요. 어찌 됐건 간에 미국과 한국이 오늘날까지 친밀하게 지내고 있는 것은 사실이랍니다. 그런데 문제는 미국이 일본과도 매우 친하다는 거예요. 또한 미국은 일본과 우리나라가 친하게 지내면서 중국을 견제해 주길 바라지요. 일본은 전쟁을 일으킨 국가이기 때문에 본래 군대를 가질 수 없는데, 최근 미국은 이러한 제재를 완화시키면서까지 일본이 자위대(1954년 일본이 치안 유지를 위해 창설한 조직)를 키울 수 있도록 돕고 있어요. 이 역시 중국을 견제하기 위함이지요.

  이처럼 우리나라는 중국 및 일본, 미국 모두와 긴밀한 관계를 유지해야 하는 입장이에요. 이런 상황에서 중국과 일본이 대립하게 되면 우리나라 입장이 매우 난처해

진답니다.

한편 일본은 자신들이 실효 지배하고 있는 센카쿠 열도를 중국이 탐낸다고 발끈하면서도 반대로 우리나라가 실효 지배하고 있는 독도는 자신들의 것이라고 주장하고 있어요. 독도가 역사적으로 엄연히 대한민국의 영토라는 것이 증명되었는데도 말이지요. 자기들 멋대로 다케시마라고 이름 짓기도 하고, 교과서나 지도에 일본 영토로 표기하기도 했어요. 심지어 중학교 입학시험에 '다케시마를 불법 점령하고 있는 나라는 어디인가'라는 문제를 내 한국을 골라야 정답으로 인정해 주기도 했어요. 참 어처구니없는 일이지요.

그런가 하면 우리나라는 중국과도 바다 때문에 자주 갈등을 겪어요. 특히 꽃게잡이 철이 되면 이러한 갈등이 더욱 잦아지지요. 중국 어선이 서해의 우리나라 영해까지 들어와 꽃게들을 싹쓸이해 가는 거예요. 최근에는 더욱 대담해져서 한강 하류를 타고 올라오기까지 해요. 이 때문에 우리나라 어민의 피해가 이만저만 큰 게 아니지요. 게다가 중국 어선은 우리나라 해경을 공격하는 것도 서슴지 않아서 큰 골칫거리예요. 심지어 해경의 고속단정을 침몰시키기까지 했지요. 우리나라 정부는 한·중 어업 협상을 통해 지속적으로 중국 어선의 불법 조업을 막아내고자 노력을 기울여왔고 일정 부분 성과를 거두었지만 2019년부터 다시 중국 어선들의 침범이 늘어나고 있어요. 앞으로도 꾸준하게 우리나라 어민을 위해 단속을 강화하고 중국 정부에도 중국 어민이 불법적으로 한국을 침범하지 않도록 단속하라고 강력하게 요청해야 할 거예요.

일본이 독도와 센카쿠 열도를 바라보는 이중적 시각

일본은 센카쿠 열도를 자신들의 땅이라며, 그곳을 탐내는 중국의 주장에 크게 화를 내고 있어요. 실질적으로 자신들이 통치하고 있을 뿐만 아니라 역사적으로도 문제가 없다는 것이지요. 그러나 일본은 독도에 대해서는 정반대의 입장을 취하고 있어요.

독도는 우리나라가 실질적으로 지배하고 있고, 역사적으로도 명확하게 대한민국의 땅이에요. 따라서 센카쿠 열도를 일본 것이라고 주장하는 일본 측의 논리에 따르면 독도도 대한민국의 것이라고 인정해야 마땅해요. 그러나 일본은 독도에 대해서는 정반대의 입장을 내세우고 있어요. 독도가 아닌 다케시마이며, 우리나라가 불법으로 차지하고 있다는 것이지요. 자신들의 땅이라며 센카쿠를 지키기 위해 중국과 전쟁도 불사하려는 일본이, 우리나라 독도를 거짓 주장으로 차지하려는 것은 비판받아 마땅한 행위예요.

동중국해 열도 분쟁의 역사

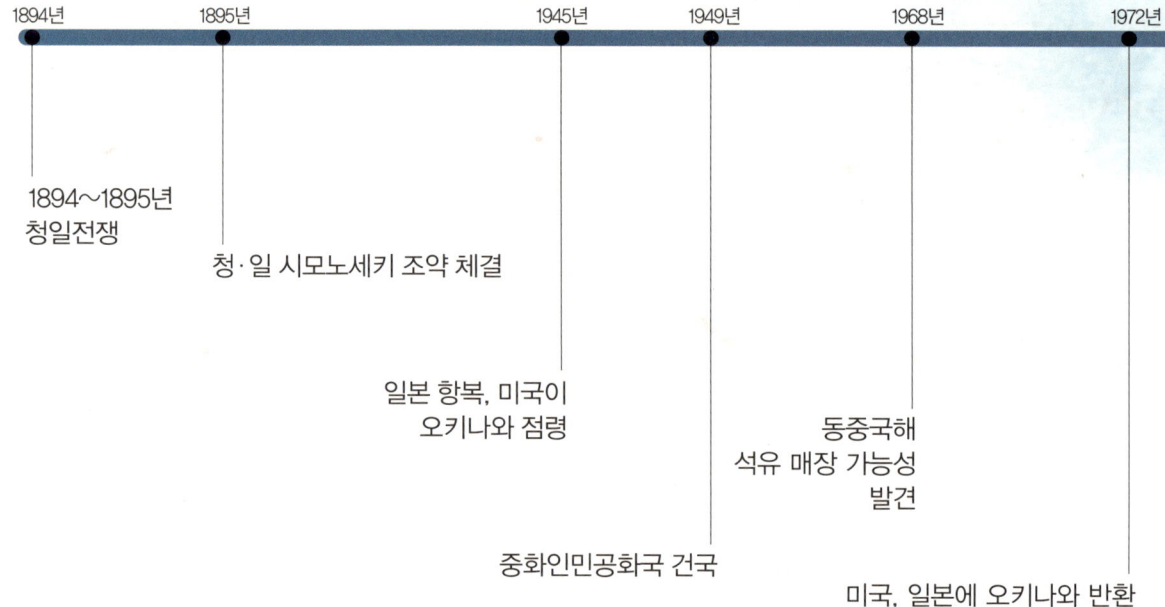

- 1894년 — 1894~1895년 청일전쟁
- 1895년 — 청·일 시모노세키 조약 체결
- 1945년 — 일본 항복, 미국이 오키나와 점령
- 1949년 — 중화인민공화국 건국
- 1968년 — 동중국해 석유 매장 가능성 발견
- 1972년 — 미국, 일본에 오키나와 반환

2010년 일본의 해상보안청 순시선과 중국 어선이 충돌한 사건

반일 시위 확산

일본, 센카쿠/댜오위다오에서
중국 어선 사로잡음
중국, 희토류 수출 중단,
반일 시위 확산,
센카쿠/댜오위다오를 '중국의
핵심 이익'으로 선포

동중국해상에서
양국 전투기 대치

일본, 센카쿠/댜오위다오
경비 위한 '국경낙도경비대'
출범

1992년 2010년 2012년 2016년 2019년 2020년

중국, 센카쿠/댜오위다오
일대 영해권 주장

일본, 센카쿠/댜오위다오 일대에
3개 무인도를 나라에서 사들임
중국, 반일 시위 최고조에 이름

중국 해경국 소속 배가
센카구/댜오위다오 인근을
수십 차례 통과

 국제 사회는 정의에 의해 움직일까?
힘에 의해 움직일까?

20세기 초, 각 나라가 대놓고 힘겨루기를 한, 두 번의 세계대전이 끝나고 세계는 다시 양쪽으로 갈라졌어요. 이때는 소련과 미국이 각자의 진영을 대표해 보이지 않는 힘겨루기를 했지요. 이 시기를 냉전 시기라고 불러요.

냉전이 끝나고 세계 각국은 유엔(UN)의 중재에 따라 되도록 평화롭게 공존할 수 있는 방법을 찾으려고 노력했어요. 유엔평화유지군을 만들어 분쟁 지역에 보내기도 하고, 재해 지역의 난민을 구제하기 위해 국제 사회가 힘을 모으기도 했지요. 하지만 이러한 노력에도 국제 사회는 여전히 강대국들에 의해 좌지우지되고 있어요.

유엔의 상임이사국은 미국, 영국, 러시아, 프랑스, 중국 다섯 나라가 맡고 있는데, 이들은 비상임이사국과 달리 영구적으로 상임이사국 지위를 보장받아요. 게

유엔기

회원국이 모두 모여 심의하는 유엔 총회장

다가 거부권을 가지고 있어서 이들 중 한 국가라도 거부권을 행사하면 유엔 안전보장이사회의 결정을 저지할 수 있지요. 이 때문에 상임이사국들은 꼭 필요한 경우에도 자기 나라의 이익을 위해 거부권을 행사하거나, 상대 국가에 이익이 되는 정책이 수행되는 것을 훼방 놓기도 한답니다.

한편 미국은 자국의 이익을 위해, 일본이 전쟁을 일으킨 전범 국가라 군대를 가질 수 없는데도 불구하고 자위대를 운영하는 것을 용인함으로써 중국을 견제하고 있어요. 중국 역시 '하나의 중국'을 슬로건으로 내세우며 타이완, 티베트, 홍콩 등 독립과 자치를 주장하는 다른 지역의 반발을 억누르고 있지요.

이외에도 남중국해를 둘러싼 필리핀과 중국의 분쟁에서 볼 수 있듯이, 자국의 이해관계 때문에 국제 사회의 중재안을 따르지 않으려는 경우도 많아요. 국제 사회의 질서를 무너뜨리는 행위인데도 말이에요. 하지만 실질적으로 이런 행동을 하는 국가를 저지하는 것은 쉽지 않아요.

여러분은 국제 사회가 정의에 의해 움직이는 것 같나요, 힘에 의해 움직이는 것 같나요? 그리고 국제 사회의 중재안을 따르지 않아도 되는 걸까요? 말하고자 하는 주장의 근거를 찾아 부모님, 친구들과 토론해 보세요.

다음 지도는 바다를 둘러싼 분쟁이 일어난 곳을 표시한 거예요. 지도를 잘 보고 어느 나라끼리 대립하고 있는지 ○표 해 보세요.

❶ 센카쿠 열도 / 댜오위다오
일본, 중국, 타이완 영유권 분쟁 지역

❷

❸ 황옌다오(중국명) 스카보러 섬(필리핀명)

❹ 독도 영유권 및 동해 표기 분쟁

정답 1. 중국 vs 일본 2. 대한민국 vs 중국 3. 중국 vs 필리핀 4. 대한민국 vs 일본

이제 우리 헤어져!

유럽연합(EU)과 영국

이 나라에 이런 일이!

2016년 6월 23일 영국. 폭우가 쏟아지는 와중에도 영국의 각 투표소에는 투표를 하려는 사람들의 줄이 길게 늘어섰습니다. 개표가 진행되는 동안 영국 사람들은 두근대는 마음으로 길고 긴 밤을 꼴딱 새웠어요. 전 세계인의 관심도 영국을 향했지요.

"개표 결과 탈퇴 51.9퍼센트, 잔류 48.1퍼센트로 탈퇴 측이 승리하였습니다! 영국 국민은 EU를 탈퇴하기로 결정했습니다!"

개표 결과가 나오자마자 전 세계의 주식시장이 요동치고 영국의 통화인 파운드화 가치가 폭락했어요. 어느 쪽을 지지했는지에 따라 영국인들의 반응은 명확하게 갈렸지요. 그 결과 영국은 세대 간, 지역 간 갈등으로 몸살을 앓고 있어요. 대체 무엇이 문제일까요?

Hello! 저는 영국 대표 존 윌튼입니다. 우리 영국은 이번에 유럽연합(EU)을 탈퇴하기로 결정했습니다. 하지만 찬성한 사람들만큼 반대한 사람들 수도 많아서 나라가 굉장히 혼란스럽습니다. EU와 탈퇴 과정을 잘 협상해야겠지요. 벌써부터 영국 경제가 좋아질 것이라거나, 나빠질 것이라는 예측들이 마구 발표되고 있는데요. 아직 아무것도 정해진 것은 없습니다. 사실 저는 EU가 만들어진 후에 태어났어요. 제 친구들도, 형과 누나들도 모두 그렇습니다. 부모님도 유럽공동체하에서 자랐기 때문에 유럽과 하나가 아닌 영국을 상상하기 어렵다고 하십니다. 그래서 EU에서 탈퇴한 세상은 어떨지, 쉽게 상상이 가질 않아요. 여전히 영국 사람들은 두렵고 혼란스럽습니다. 투표를 해 놓고도 지금 무슨 일을 벌인 거냐며 투표 결과에 당황하기도 했습니다. 어떤 일이 벌어질지 모르니까요. 아마 유럽 사람들도, 전 세계 사람들도 마찬가지겠지요?

EU는 왜 만들어졌을까?

영국은 유럽의 여러 나라들과 함께 유럽연합, 즉 EU(European Union)라 불리는 공동체에 소속되어 있었어요. EU는 '하나의 유럽'이라는 슬로건 아래 모인, 유럽 대륙에 위치한 나라들이지요. EU에 가입한 나라는 독일, 프랑스, 스페인, 이탈리아, 오스트리아 등 28개국에 달했어요. 지금은 영국이 EU를 탈퇴하여 27개국으로 줄었지요. 유럽 지도를 본 적 있다면 알겠지만, 섬나라 영국을 제외하고는 모두 유럽 대륙에 위치해 있어요. EU에 가입한 국가들 대부분은 '유로'라는 공통된 화폐를 사용하고, 서로의 나라를 자유롭게 드나들 수 있어요. EU에 가입한 나라의 시민은 모두 '유럽의 시민'이라는 인식에서 나온 것이지요. 이러한 연합체가 가능할 수 있었던 것은 역사·문화적인 배경이 비슷하기 때문이에요. 우리나라

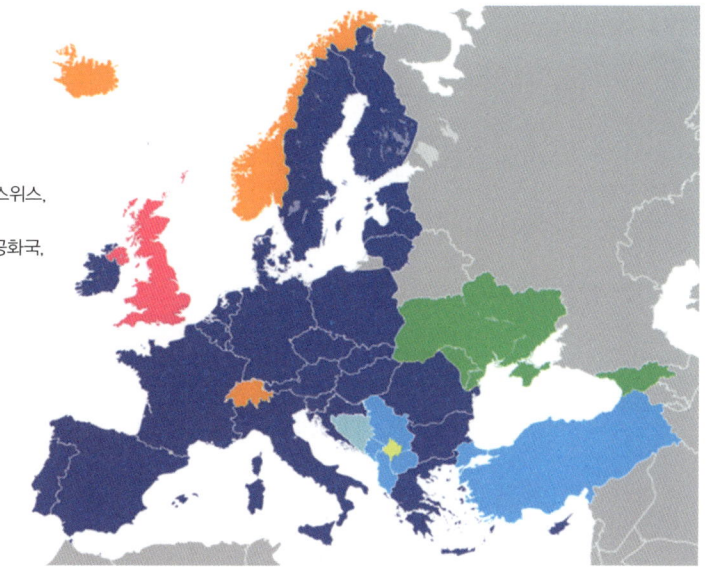

EU 가입 현황
보라색 : 회원국
분홍색 : 탈퇴 신청국 – 영국
주황색 : 솅겐 조약* 가입국 – 노르웨이, 스위스, 아이슬란드(EU 미가입)
파란색 : 후보국 – 알바니아, 마케도니아 공화국, 몬테네그로, 세르비아, 터키
하늘색 : 신청국 – 보스니아헤르체고비나
초록색 : EUAA 가입국 – 조지아, 우크라이나, 몰도바(가입 후보국)
노랑색 : 신청 잠재 후보국 – 코소보
회색 : 비가입국

와 일본, 중국이 동아시아라는 가까운 지역에 위치하면서도 EU처럼 하나의 공동체를 만들 수 없는 까닭은 각자의 역사와 문화가 매우 다르게 발전해 왔기 때문이지요.

그렇지만 아무리 역사·문화적으로 유사해도 특별한 계기가 없었다면 오늘날처럼 하나의 공동체를 형성할 생각을 하진 않았을 거예요. 유럽 각국에게는 EU를 창설할 만한 계기가 있었답니다.

솅겐 조약이란? 유럽 각국이 공통의 출입국 관리 정책을 사용하여 국경 시스템을 최소화하고 국가 간의 통행에 제한이 없게 한다는 내용을 담은 조약이에요.

이제 우리 헤어져!

1492년 스페인 왕실의 지원을 받은 콜럼버스가 아메리카 대륙을 발견한 이후, 유럽 각국은 식민지 쟁탈전에 돌입했어요. 식민지 쟁탈전이란 다름 아니라, 아프리카와 아시아 및 아메리카 대륙에 잘 살고 있던 원주민을 몰아내거나 학살하고 그 땅을 자기네 것으로 삼아 버리는 것이었지요. 빨리 차지하는 사람이 임자라는 식으로 서로 싸우기도 했어요. 유럽인들은 이렇게 차지한 식민지의 원주민들을 노예로 삼고, 금은보화와 지하자원, 농산물 등을 빼앗아 갔어요. 이를 바탕으로 유럽 각국은 막대한 부를 쌓았고 호화로운 생활을 할 수 있었답니다.

비슷한 역사와 문화를 공유한 유럽

교황 성좌의 문장

나라끼리 지리적으로 가깝다고 모두 하나로 묶을 수 있는 것은 아니에요. 유럽은 비슷한 역사와 문화를 공유하고 있었기 때문에 가능했지요. 유럽은 대부분 크리스트교를 오랫동안 믿어 왔어요. 크리스트 교회의 수장인 교황은 유럽 각국의 왕을 초월하는 권위 있는 존재였지요. 교회의 입김이 약해진 후에도 유럽 각국은 왕실끼리 혼인해 친인척 관계를 맺어 왔어요. 프랑스의 국왕 루이 16세의 왕비로 유명한 마리 앙투아네트도 원래 오스트리아 여왕인 마리아 테레지아의 딸이었지요. 14세의 나이에 15세의 루이 16세와 정략 결혼한 거예요. 이렇듯 유럽 각국은 왕실끼리 친인척으로 얽혔다는 점에서 역사적으로, 또 크리스트교라는 종교가 사회 전반을 지배했다는 점에서 문화적으로도 매우 가까웠어요.

영국은 이때 전 세계 곳곳에 식민지를 만들어서 '해가 지지 않는 나라'라고 불리기도 했어요. 인도, 미국, 오스트레일리아 등 거대한 나라들이 모두 영국의 식민지였어요. 이렇게 막대한 식민지에서

콜럼버스의 아메리카 대륙 발견 이후 유럽 각국의 식민지 쟁탈전이 시작됐어요.

흘러든 부가 쌓이면서 과학기술도 급속하게 발전했지요. 영국은 세계 최초로 산업혁명을 이루었어요.

그러나 두 번의 세계대전이 유럽을 중심으로 발발하면서, 유럽 각국은 전쟁의 소용돌이에 휘말렸어요. 세계대전을 치르는 동안 유럽의 힘은 매우 약해진 대신, 전쟁에서 한발 떨어져 있었던 미국은 크게 성장했지요. 유럽 대륙의 산업 기반이 전쟁으로 파괴되어 물자가 부족해지자 미국산 상품에다 전쟁 무기까지 불티나게 팔렸거든요. 경제가 엄청나게 발전했지요. 게다가 제2차 세계대전의 막바지에 참전하여 승리하면서 국제적인 위상도 높아졌어요. 영국의 식민지에 불과했던 미국이 세계를 주도하는 막강한 나라가 된 거예요.

이런 상황이 유럽 각국에게는 유쾌할 리 없었어요. 당시 영국의 수상이던 윈스턴 처칠은 1946년, '유럽합중국'을 만들자고 주장했어요. 미국이 51개 주가 모인 형태로 '미합중국'을 만든 것처럼 유럽도 각 나라가 모인 연합체를 만들자는 것이었지요. 연합체를 중심으로 국제 사회에서 통일된 목소리를 내면 영향력을 높일 수 있을 테니까요.

한편 유럽의 통합은 평화를 위한 것이기도 했어요. 두 번의 세계대전이 모두 유럽 대륙에서 시작되었다고 앞에서 이야기했었지요? 비슷한 문화와 역사를 공유하고 있긴 했지만, 오랜 시간 제각각 나라를 세우고 발전해 오다 보니 자국의 이익을 먼저 생각하는 이기주의가 싹텄거든

요. 전쟁이 끝난 후, 각 나라의 대표들은 자국이기주의 때문에 전쟁도 불사하게 되었다고 생각했어요. 그러니 유럽이 통합되어 하나의 공동체가 된다면 내 나라, 네 나라 따질 것 없이 유럽 전체를 위한 정책 결정을 하게 되어 갈등이 줄어들 것이라고 생각했지요. 이러한 구상을 처음 제시한 것은 영국의 수상인 윈스턴 처칠이지만 실질적으로 행동에 옮겼을 때 영국은 한발 물러서 있었어요. 오늘날의 유럽연합, 즉 EU는 한 번에 완성된 것이 아니라 특정 부문에서부터 점차로 통합을 진행해 왔지요. 영국은 그 과정에서 빠져 있다가 EU의 전신인 유럽공동체(EC, European Community)에 1973년 가입함으로써 하나의 유럽에 동참하게 되었지요.

유럽공동체는 1967년 만들어진 조직이에요. 1951년에 창설된 유럽석탄철강공동체 및 1958년에 창설된 유럽경제공동체, 유럽원자력공동체를 통합한 것으로 프랑스, 독일, 이탈리아, 벨기에, 네덜란드, 룩셈부르크가 최초의 가입국이었지요. 그 후 1973년에 영국, 덴마크, 아일랜드가 가입하면서 1986년까지 가입국은 열다섯 나라로 늘어났어요.

유럽공동체는 가입국들을 하나의 경제권으로 만들기 위해서 관세를 없애는 정책을 시행했어요. 관세를 없애면 유럽공동체 가입국 어디에서 물건을 사더라도 따로 세금을 내지 않고 물건을 구매할 수 있는 장점이 있지요. 또 유럽공동체는 각 나라마다 다른 환율을 안정시키기 위한 통화정책도 시행했어요. 이는 차츰 하나의 화폐를 사용하는 것으로 발전했지요.

현재의 유로화 지폐   EU의 상징기

　이러한 정책들이 성공을 거두면서, 유럽공동체는 경제적인 통합뿐만 아니라 정치적인 통합까지 하기로 결정했어요. 그 결과 1993년 11월 1일 유럽연합, 즉 우리에게 익숙한 EU가 탄생했답니다. EU에는 그 후 꾸준히 회원국이 늘어 가입국이 28개국에 이르렀을 뿐만 아니라, '유로'라는 통일된 화폐를 사용하게 되었지요. 유로화는 28개국 중 19개국이 사용하고 있어요.

　EU의 수도는 벨기에의 브뤼셀이에요. EU는 자체적으로 사법재판소, 의회, 회계감사원 등의 조직을 갖추어 정치 기구로서의 역할을 수행하고 있어요. 유럽 각국 대표들끼리 모이는 정상회의도 있지요. EU의 대통령이라고 할 수 있는 상임의장을 2년 6개월마다 선출하고 있기도 해요. 이렇게 조직을 갖추고 경제·정치적인 통합을 이루면서 EU는 승승장구했어요. EU의 국내 총생산은 전 세계의 30퍼센트를 차지할 정도로 많아요.

국제 사회에서도 세계 최강대국 미국이나 떠오르는 신흥 세력인 중국, 넓은 땅과 부유한 천연자원을 지닌 러시아 등에 맞서 한목소리를 내며 단합을 과시했지요.

그런데 이렇게 잘나가던 EU를, 영국은 왜 떠나려는 거죠?

위기를 맞은 EU

2010년 그리스가 국가부채 위기˙에 처하면서 EU에 위기가 닥쳤어요. 그리스가 이런 어려움에 처하게 된 데에는 여러 이유가 있어요. 우선 그리스는 관광객이 많이 찾아오는 나라여서 관광업에 크게 의존해요. 대신 물건을 생산하는 제조업의 비중이 낮아서 대부분을 수입해 와야 해요. 예를 들어 그리스는 올리브를 가장 많이 수확하는 나라 중 하나인데, 그럼에도 공장에서 올리브 통조림을 만들어 내지 못하기 때문에 수입해야 할 정도라는 거예요. 상황이 이러니 텔레비전, 자동차, 컴퓨터, 선박 등 대부분의 값나가는 물건을 수입해야 했고, 그에 따라 자연히 나라 빚이 늘어날 수밖에 없게 된 것이지요.

국가부채 위기란? 나라가 진 빚을 제대로 갚을 수 없는 상황을 말해요.

이렇게 경제가 차츰 하락세에 접어들었지만, 그리스는 유로화를 쓰는 여러 나라와 경제적으로 묶여 있었기 때문에 유연하게 대처할 수 없었어요. 경제 대국인 프랑스와 독일의 후광으로 그리스가 처한 위기가 잘 드러나지 않기도 했지요. 또 비싼 유로화가 사용되다 보니 그리스를 찾는 관광객도 크게 줄었어요. 관광은 그리스 경제를 떠받치는 가장 큰 기둥이었는데, 이것이 무너지자 그리스 경제는 크게 흔들리고 말았어요.

그리스 사람들은 자신들의 위기가 그리스의 경제 수준보다 너무 높은 화폐인 유로화를 쓰고 있기 때문이라고 생각했어요. 그래서 유로존을 탈퇴하자는 주장이 힘을 얻었지요. 이를 '그렉시트(Grexit)'라고 해요. 그리스

의 국민투표에서도 유로존을 탈퇴하자는 의견이 압도적으로 많았지요. 그러나 그리스 총리인 알렉시스 치프라스가 이에 반대하면서 그렉시트는 실현되지 않았어요.

　EU는 그리스의 국가 부도를 막기 위해 지원금을 쏟아붓기 시작했어요. 그러나 그리스 국민은 개혁안에 반대하며 시위를 벌였지요. 세금을 더 낼 수도, 누려 오던 복지를 줄일 수도 없다는 것이었어요. 이런 상황은 유럽연합국들의 불만을 불러 왔어요. EU에 가입한 각 나라는 나라의

EU와 유로존은 어떻게 다를까요?

EU가 왜 만들어졌고, 어떻게 차츰 하나의 유럽으로 통합되어 왔는지는 앞에서 이야기했어요. EU는 경제적인 통합을 넘어서 정치적인 통합으로까지 나아가고자 하는 공동체이지요.

유로화 지폐와 동전

한편 유로존이란 EU의 화폐인 유로를 쓰면서, 경제적으로 묶여 있는 경제 단위로 EU보다는 범위가 좁답니다. 왜냐하면 영국, 노르웨이 같은 나라들은 EU에 속해 있기는 하지만, 유로를 사용하고 있지는 않거든요. 영국 포함 28개 EU 가입국 중에서 유로를 쓰는 나라는 19개국이에요. 예를 들어 노르웨이는 유로를 쓰지 않기 때문에, EU에 소속되어 있긴 하지만 유로존에 소속되어 있는 것은 아니지요. 유로존에 가입되어 있다는 것은 경제적으로 훨씬 밀접한 연관을 맺고 있다는 것을 의미해요. 같은 화폐를 쓰면서 경제 정책도 동일한 방향으로 움직이기 때문이지요.

경제 사정에 맞추어 분담금을 EU에 내는데, 독일이나 프랑스, 영국처럼 사정이 좋은 나라에서 거둔 세금으로 그리스의 빚을 갚아 주는 게 불만이었던 거예요. 게다가 그리스 국민들이 고통 분담을 하려고 하지도 않자 유럽연합국 곳곳에서 비판의 목소리가 더욱 높아졌어요.

EU가 이렇게까지 하면서 그리스를 경제위기에서 구하려고 한 것은 그리스의 탈퇴가 우려되었기 때문이에요. 비슷한 불만을 갖고 있는 나라들이 연달아 EU를 탈퇴해 버리면 EU의 존재 자체가 위협받게 될 테니까요. 그러나 유로존에 닥친 경제위기는 그리스가 끝이 아니었어요. 그리스를 시작으로 같은 해 아일랜드가 구제금융을 받았고 2011년에는 포르투갈이, 2012년에는 스페인이 같은 처지에 놓였어요. 다행히 현재 아일랜드, 포르투갈, 스페인은 경제위기를 극복한 상태예요.

프랑스, 독일, 영국 등 오랜 강국들은 경제적으로 안정되어 있을 뿐만 아니라, EU를 주도하면서 큰 영향력을 행사하고 있어요. EU에 분담금도 가장 많이 내고 있지요. 덴마크, 핀란드, 스웨덴 등의 북유럽은 풍부한 천연자원을 바탕으로 수준 높은 복지를 제공하는 안정적인 나라예요. 이런 나라들은 자신들이 EU에 부담하는 돈에 비해 혜택을 보지 못하고, 그리스 사태처럼 다른 나라의 빚을 갚는 데 엉뚱하게 돈이 쓰인다고 불만이 높아요. 반면 중유럽, 남유럽은 상대적으로 경제 상황이 좋지 않고 발전도 뒤떨어져 있는 경우가 많아요. 이런 나라들은

EU의 주요 국가들이 자신들의 입장은 고려하지 않은 채, 무조건 맞추라고만 해서 불만이 많지요.

게다가 최근에는 난민을 받아들이는 문제까지 겹쳤어요. 시리아에서 내전이

2012년 8월 6일, 레바논에 머무르는 시리아 난민들

벌어지자 수백만 명의 시리아인들이 난민 신세가 되어 유럽 전역을 떠돌게 되었거든요. 이들의 목표는 안정적인 나라에서 난민 자격을 인정받아 정착하는 것이지요. EU는 인도적인 차원에서 난민들을 받아들이기로 결정했어요. 그리고 각 나라마다 난민들을 의무적으로 수용해야 한다고 결정했지요.

그런데 IS와 같은 테러 단체가 유럽 여러 나라에서 테러를 일으키자 상황이 달라졌어요. 2015년 11월 프랑스 파리에서는 130여 명이 죽거나 다치는 연속적인 테러가 벌어졌어요. 2016년 3월에는 벨기에 브뤼셀의 공항과 지하철에서 테러가 일어나 30여 명이 죽거나 다쳤지요. IS 조직은 시리아 인근에 모여 있기 때문에, 시리아 난민으로 위장해서 유럽에 몰래 들어왔을 가능성이 있어요. 이에 따라 유럽 사람들의 불안감은 높아지고, 난민을 받아들이는 정책에도 반대하는 목소리가 높아졌지요.

EU를 떠나자고 주장하는 영국 사람들도 난민 문제를 가장 큰 이유로 꼽아요. 결국 영국은 2016년 6월 23일 국민투표를 통해 EU를 탈퇴하기로 결정했어요. 이러한 영국의 EU 탈퇴를 '브렉시트'라고 하는 거죠. 이 결정으로 세계는 큰 충격에 휩싸였어요. 그렇게 애써 막으려 했던 그리스 탈퇴를 막고 나니, 생각지도 못하게 영국이 탈퇴한 거예요.

영국아, 왜 EU를 떠나는 거니?

영국 총리 데이비드 캐머런은 "EU를 탈퇴할지, 잔류할지를 국민투표로 정하자!"라는 제안을 처음 했어요. 일명 브렉시트 투표라고 하지요. 캐머런 총리는 총선에서 보수당이 승리하면 브렉시트를 국민투표로 결정하겠다고 공약을 내걸었어요. 이에 많은 사람들이 호응해 보수당은 선거에서 승리했지요. 이처럼 브렉시트 투표는 정치권의 세력 다툼에서 시작되었어요.

그러나 사실 캐머런 총리는 EU 탈퇴를 원하지 않았어요. 그래서 그동안 EU와 갈등을 빚어 왔던 사항들을 영국에 유리

회의를 하고 있는 캐머런 총리

하게 협상한 후, '이 정도면 영국인들이 협상 결과에 만족해 EU에 남으려고 하겠지'하고 생각했어요. 하지만 상황은 캐머런의 뜻대로 되지 않았어요. 더구나 같은 보수당에서도 의견이 갈라져, 절반 정도의 보수당 의원들은 EU 탈퇴를 지지하고 나섰어요. 같은 당의 일원이자 런던 시장이기도 했던 보리스 존슨은 협상 결과가 전혀 만족스럽지 않다며, 영국은 EU에서 탈퇴해야 영국의 국익을 지킬 수 있다고 주장했어요. 이렇게 보수당 자체에서도 의견이 갈리면서 투표는 예측 불가의 상황에서 진행되었어요.

그럼에도 불구하고 영국 국민들이 탈퇴를 원하지 않았다면 EU 탈퇴는

> **TIP**
>
> ### 나라 이름 + EXIT = ?
>
> 브렉시트(Brexit)는 영국(British)에 출구(Exit)를 합쳐서 만들어진 신조어로 영국의 EU 탈퇴를 의미해요. 이러한 조합이 최초로 시작된 것은 2010년 그리스 국가부도 위기 때였어요. 그리스가 유로존 탈퇴를 국민투표에 부치면서 그리스(Greece)와 출구(Exit)를 합쳐 그렉시트(Grexit)라는 말이 만들어졌지요. 체코의 경우는 체식트(Czexit), 덴마크는 덱시트(Dexit), 스웨덴은 스웩시트(Swexit), 네덜란드는 넥시트(Nexit)로 표기해요.
>
> 영국의 EU 탈퇴는 EU에 회의적이던 다른 유럽 국가를 자극했어요. 일부 나라들은 자신들도 영국의 뒤를 따르겠다고 나서고 있어요. 어떤 경우에는 정치인들이 자신의 정치적 입지를 확보하기 위해 이런 주장을 하기도 해요. 캐머런 총리와 비슷한 경우지요. 그 후폭풍이 얼마나 거센지 보았으면서도 말이에요.

이루어지지 않았을 거예요. 그렇다면 영국 국민들은 어째서 브렉시트를 지지하게 되었을까요?

영국과 프랑스는 백 년에 걸쳐 전쟁을 할 정도로 오랫동안 사이가 좋지 않았어요. 1337년부터 1453년까지 116년 동안 이어진 두 나라 사이의 전쟁을 '백년전쟁'이라고 해요. 또 영국과 독일은 제2차 세계대전 당시 맞서 싸우면서 감정의 골이 깊어지기도 했어요. 그런데 EU가 창설되고 보니 프랑스와 독일이 EU를 주도적으로 이끄는 반면, 영국은 그 정도의 목소리를 내지 못하는 게 아니겠어요? 영국 입장에서는 프랑스나 독일과 비교했을 때 경제력, 군사력, 영향력 등에서 전혀 부족할 게 없는데도 제대로 대접받지 못하고 있다고 여겼지요.

하지만 1951년 유럽석탄철강공동체 설립부터 주도적으로 해 온 프랑스, 독일과 1973년 뒤늦게 유럽공동체에 가입한 영국은 EU를 일구는 데 기여한 정도가 확연히 다르지요. 게다가 영국은 유로화를 거부하고 자신들의 화폐인 파운드화를 계속 쓰기로 해 유로존에 합류하지도 않았거든요.

그리고 영국의 식민지였던 미국이 세계 최강대국으로 우뚝 서면서 영국은 미국과의 관계에도 많은 신경을 썼어요. 애초에 EU가 미국, 중국, 러시아 등을 견제하고 대등한 관계에서 외교를 펼치기 위해 설립된 것인데도 영국은 미국과 EU 사이에서 애매한 입장을 취해 왔어요. 좋게 생각하면 미국과 EU 사이의 징검다리 역할을 한 것이지요. 그렇지만 영국은

이제 EU를 탈퇴함으로써 EU보다 미국과의 관계에 더 집중하기로 했다고 볼 수 있답니다.

게다가 탈퇴를 주장하는 사람들은 영국이 EU에 분담금을 내지 않는다면 영국 사람들에게 더 많은 복지 혜택이 돌아갈 거라고 주장했어요. 이러한 주장은 저소득층의 마음을 움직였지요. 하지만 투표 후, 이런 공약을 내건 정치인들이 말을 바꾸면서 영국 시민들을 화나게 했어요.

앞서 이야기했듯이 난민을 받아들이는 문제도 영국 시민들의 마음을 불편하게 했어요. EU 가입국은 의무적으로 난민을 수용해야 했는데, 난민으로 위장한 테러 단체가 유럽 곳곳에서 테러를 일으키면서 영국인의 불안감은 커졌지요. '무작정 난민을 받아들이면 영국도 테러 위험에서 안전하지 않을 거야'라는 생각은 '난민을 수용하라고 강요하는 EU를 탈퇴해야 한다'는 결론으로 나아갔어요.

또 영국에는 영국보다 경제적으로 낙후한 동유럽, 남유럽 등에서 온 사람들이 영국인의 일자리를 빼앗는다는 인식도 널리 퍼져 있었답니다. EU 가입국은 여행뿐만 아니라 취업도 어디에서든 자유롭게 할 수 있어요. 그래서 경제 상황이 어려운 나라 사람들이 경제 상황이 좋은 나라로 가서 일자리를 찾지요. 영국 사람들은 이들 때문에 자신들의 일자리가 부족해진다며, EU를 탈퇴함으로써 외국인이 일자리를 차지하는 것을 막고자 했던 거예요. 하지만 반대로 생각하면, 영국의 젊은이들이 유럽 각

국의 다양한 회사에서 일하고 있기 때문에 영국인만 손해를 보고 있다는 생각은 잘못된 판단이라고 할 수 있어요.

 탈퇴를 주장하는 사람들은 위와 같은 근거를 들며 탈퇴를 주장했답니다. 그렇지만 정말로 탈퇴할 것이라고 예상한 사람은 많지 않았어요. 개표 결과, EU 탈퇴가 결정되자 세계는 물론 영국도 매우 놀랐답니다. 캐머런 총리는 브렉시트 투표를 통해 정치적 입지를 다지고 자신이 처한 곤란한 상황을 무마하려고 했지만, 결과는 오히려 반대로 나오고 만 거예요. 캐머런 총리는 정치 활동을 계속하기 어려울 정도로 많은 비난을 받고 결국 총리직에서 사퇴했어요. EU 탈퇴 같은 중대한 사항을 정치적으로 이용했기 때문이지요. 또한 그는 EU에 남는 것을 지지(잔류파)하고 있었기 때문에 EU 잔류파의 패배는 그의 리더십에 문제가 있다는 것을 드러내는 결과였지요.

더욱 문제가 되는 것은 탈퇴가 결정된 후 사회 갈등이 훨씬 심각해지고 있다는 거예요. 찬성이 과반수를 넘어서 EU를 탈퇴하게 되었지만, EU 잔류에 투표한 사람들도 거의 절반에 가까운 48.1퍼센트나 되었거든요. 잔류파들은 탈퇴파가 영국을 몰락의 길로 밀어 넣었다며 분노하고 있어요. 특히 노인층이 탈퇴를 찬성하고, 젊은 층이 잔류에 찬성한 것으로 알려지면서 세대 갈등까지 확산되고 있지요. '해가 지지 않는 나라'로 불리던 대영제국에 대한 향수가 있는 노년층은 EU 때문에 영국이 제 목소리를 내지 못하고, 과거의 화려한 영광도 흐려졌다고 생각해 탈퇴를 지지했거든요. 반면 태어나면서부터 EU의 일원이자 유럽의 시민으로 살아온 젊은 세대에게 EU 탈퇴란 나고 자란 국가에서 하루아침에 쫓겨나는 것처럼 충격으로 다가왔어요. 젊은 세대는 '노년층의 고집이 자신들의 미래를 망쳤다'고 분노하고 있지요.

브렉시트 투표는 세대 갈등뿐만 아니라 지역 갈등에도 불을 지폈어요. 영국은 잉글랜드, 웨일스, 스코틀랜드, 북아일랜드 4개 지역으로 구성된 연방국으로 본래 결속이 끈끈한 편은 아니었어요. 스코틀랜드만 해도 독립하고 싶다며 2014년 국민투표를 한 적도 있지요. 브렉시트 투표에서도 각각 다른 결과가 나왔어요. 잉글랜드와 웨일스 지역은 탈퇴에 표를 많이 던졌고, 반대로 스코틀랜드와 북아일랜드에서는 잔류에 투표한 사람들이 많았어요. 스코틀랜드에서는 이참에 영국에서 독립하자는 목소리가 다시 커지고 있는 상황이에요.

투표를 다시 하자는 시위도 곳곳에서 벌어지고 있어요.

오늘날의 영국은 잉글랜드·스코틀랜드·웨일스의 그레이트브리튼섬과 아일랜드섬 북쪽의 북아일랜드로 이루어져 있어요.

하지만 한 번 결정한 것을 되돌릴 수는 없지요. EU를 떠난 영국과 유럽 연합국들은 앞으로 어떤 길을 걷게 될까요? 이들의 행보는 유럽만의 문제가 아니라 EU와 활발히 교류하는 우리 삶과도 밀접하게 연관되어 있어요. 따라서 지속적인 관심을 가져야 한답니다.

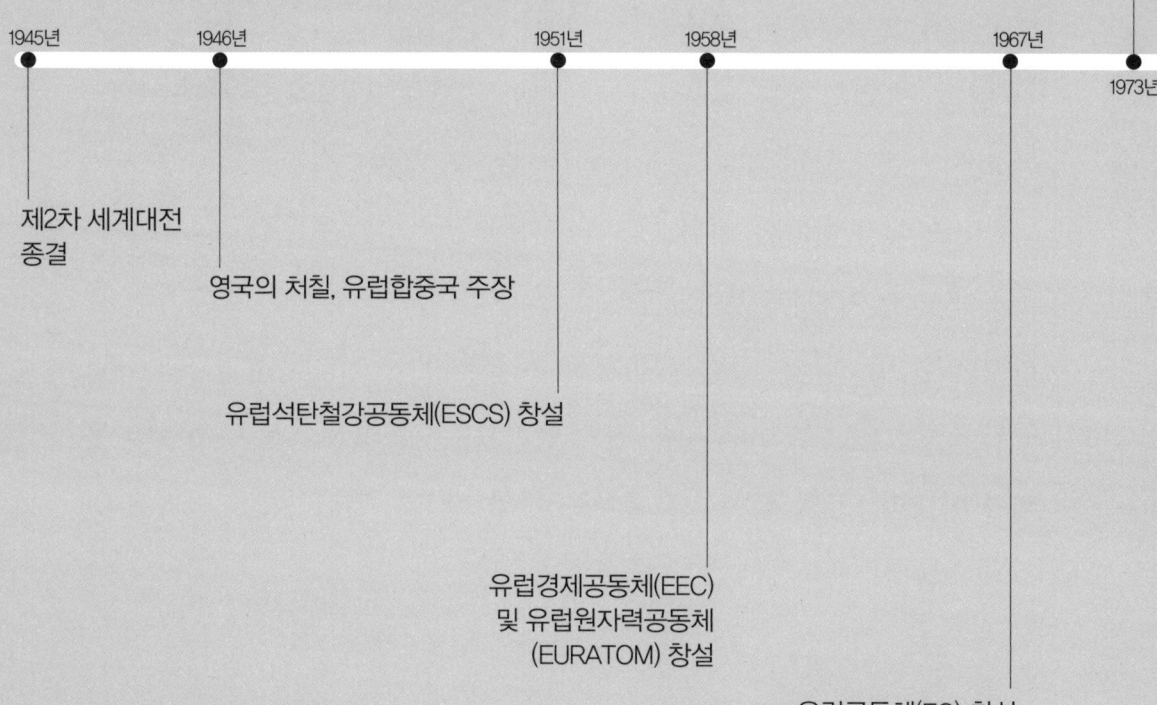

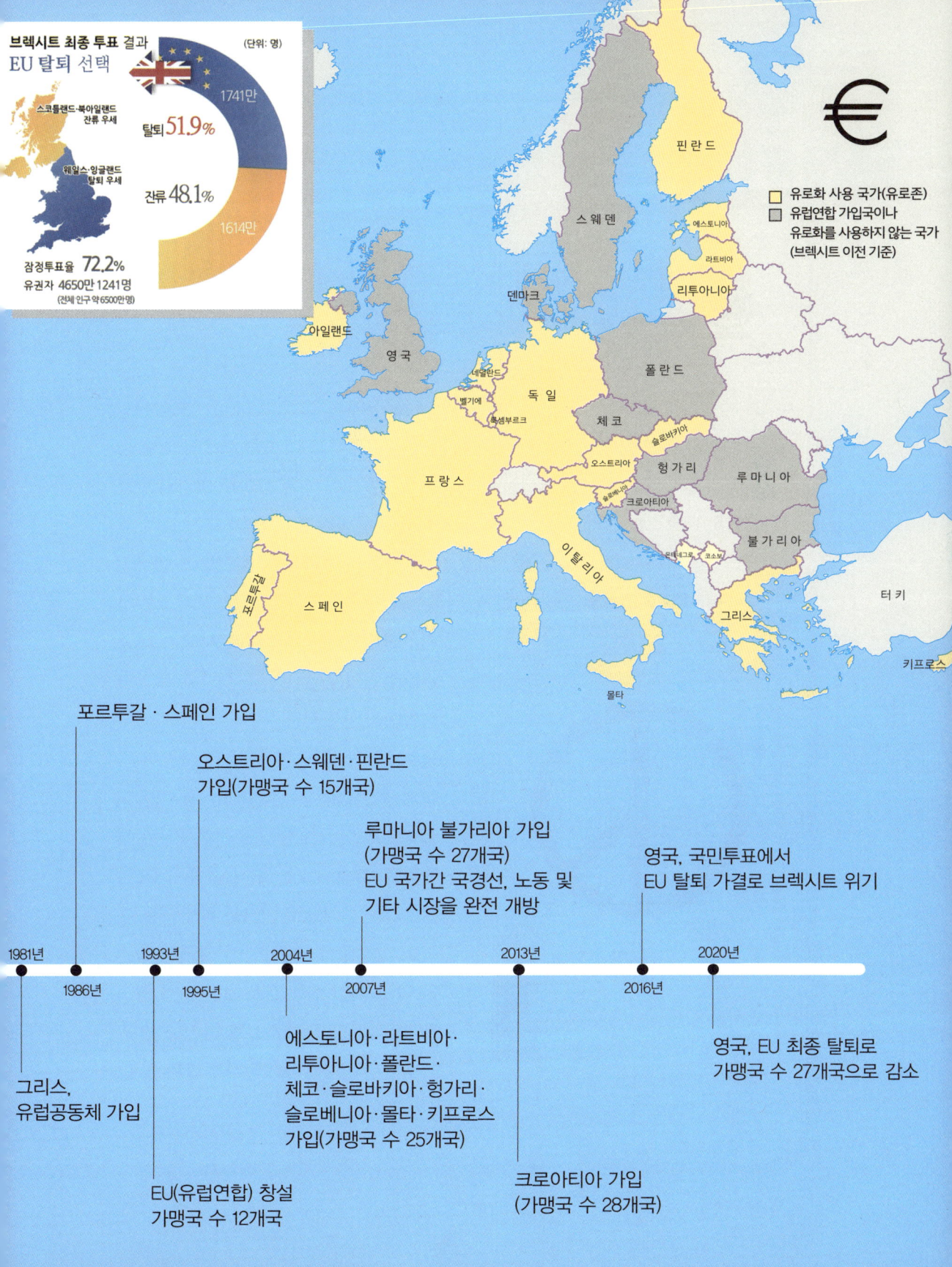

 어떤 정치 제도가 우리의 삶을 풍요롭게 할 수 있을까?

브렉시트 투표가 끝나고 구글의 실시간 검색어에는 'EU가 뭐지?', '브렉시트란?' 같은 글이 상위에 올랐어요. 이는 사람들이 정작 EU나 브렉시트에 대해 정확하게 알지 못한 채 투표했다는 뜻이지요. EU 탈퇴에 따른 결과를 책임지게 될 사람은 바로 자신인데도 말이에요. 심사숙고한 올바른 판단 없이 던진 표가 영국을 EU에서 탈퇴하도록 만들었어요. 이 사건을 계기로 많은 사람들이 영국인의 어리석은 행동을 비판하는 한편, 민주주의 제도의 단점에 대해 깊이 고민하기 시작했어요. 브렉시트 사태가 대중 민주주의의 단점이 극단적으로 드러난 상황이라는 거지요.

민주주의란 국민 한 사람 한 사람이 나라의 주인이라는 뜻이에요. 하지만 실질적으로 모두가 정치에 참여하기는 어렵지요. 그래서 자신을 대신하는 대표를 뽑는다는 생각으로 선거를 통해 대통령, 국회의원 등을 뽑아요. 전 국민의 의견을 꼭 물어야 하는 경우에는 이번 영국의 경우처럼 '국민투표'를 하기도 해요. 그래서 흔히 선거를 '민주주의의 꽃'이

우리나라 선거 투표 도장의 문양

라고 부르지요.

그러나 투표를 할 때 그 결과를 본인이 책임져야 한다고 생각하지 못하고 다른 사람의 헛된 말에 속거나, 달콤한 말에 넘어가서 자신의 이익과 반대되는 쪽에 표를 던지는 경우도 있어요. 이럴 경우 선거 제도가 국민의 이익을 제대로 반영하지 못하게 되지요. 때로 악의적으로 여론을 형성해서 특정 집단의 이익을 반영하는 데 대중이 앞장서도록 만들기도 해요. 특히 이번 경우에는 부적절한 언론 보도가 크게 비판받고 있어요. 자극적이고 관심을 끌 만한 것들만 크게 선전해 국민에게 올바른 정보를 전달하지 않았다는 거예요. 국민이 올바른 판단을 할 수 있도록 정확한 사실을 전달하는 것이 언론이 할 일인데도 말이지요.

그래서 어떤 사람들은 잘못된 선택을 할 가능성이 높은 민주주의보다, 잘 교육받은 소수의 엘리트들이 대중을 올바로 이끌도록 해야 한다고 주장하기도 해요. 전문가들이 판단하고 결정하기 때문에 실수를 할 가능성이 낮다는 것이지요. 반면 그들이 소수의 이익을 위해 권력을 함부로 사용할 위험성이 높아 엘리트 정치는 대안이 될 수 없다고 주장하는 사람들도 있어요.

여러분은 어떻게 생각하나요? 어떤 정치 제도가 우리의 삶을 풍요롭게 할 수 있을지 생각해 보고 부모님, 친구와 함께 토론해 보세요.

다음은 EU에 가입한 나라들의 국기예요.
이 중 유럽공동체에 최초로 가입한 나라들을 ○표 해 보세요.

슬로베니아　헝가리　프랑스　덴마크
오스트리아　포르투갈　스페인　독일
룩셈부르크　에스토니아　이탈리아　키프로스
스웨덴　벨기에　라트비아　폴란드
네덜란드　핀란드　아일랜드　체코
리투아니아　크로아티아　그리스
몰타　슬로바키아　루마니아
불가리아

정답: 프랑스, 독일(서독), 이탈리아, 벨기에, 네덜란드, 룩셈부르크

약속의 땅인가, 눈물의 땅인가?

이스라엘과 팔레스타인

이 나라에 이런 일이!

'왜애애애애애애앵~ 왜애애앵 왜애애애애애앵!'

경보음이 귀청이 떨어질 것처럼 울렸어요.

"알리, 어서 이리로 오렴!"

엄마가 이제 막 여섯 살이 된 알리를 품에 안고 침대 밑으로 기어 들어갔어요. 이스라엘의 공습이 시작된 거예요.

'콰과과광! 콰쾅!!'

지진이라도 난 것처럼 집이 흔들리는 것을 보니 가까운 데 폭탄이 떨어진 게 틀림없어요. 하필 학교에 간 하산이 돌아올 시간이에요.

'제대로 대피했을까? 무슨 일이 있는 건 아니겠지…….'

엄마는 놀라 우는 알리를 품에 안고 달래면서, 하산이 무사하기만을 하염없이 빌었어요.

안녕하세요. 저는 팔레스타인에서 온 하산입니다. 팔레스타인 사람들이 겪는 어려움을 알리려고 이 자리에 왔어요. 저희 가족은 오랫동안 살던 땅에서 쫓겨나 가자지구에 살고 있어요. 저희 아빠는 형제가 다섯 명인데, 그중 세 명의 삼촌이 이스라엘군과 싸우다 돌아가시거나, 항의를 하다 총에 맞아 돌아가셨어요. 삼촌들의 가족까지 부양하느라 우리는 더욱 가난해졌지요. 하지만 그나마 저는 운이 좋은 편이에요. 고아가 되거나, 심지어 총에 맞아 죽은 친구들도 많거든요. 이 땅에서 꼭 한쪽이 나가야만 하는 건가요? 다 같이 평화롭게 살 수는 없을까요?

저는 이스라엘인 줄리입니다. 미국에서 태어났지요. 외할아버지는 제2차 세계대전 때 나치의 유대인 학살을 피해서 미국으로 도망치셨대요. 저는 세 살이 되던 해에 외할아버지와 엄마를 따라 이스라엘로 왔어요. 역사적으로 유대인들은 많은 핍박과 어려움을 겪었어요. 특히 히틀러 때문에 수백만 명의 사람들이 목숨을 잃었지요. 나라를 세우지 못했던 시절에 유대인이 겪은 아픔이 너무나 컸기 때문에 우리는 이스라엘을 반드시 지켜낼 거예요. 그래서 이스라엘에서는 남자도 여자도 모두 군대에 가지요. 군사력이 없으면 나라를 지킬 수 없거든요.

약속의 땅인가, 눈물의 땅인가?

유대인의 나라 없는 설움

　이스라엘 민족인 유대인의 종교는 유대교예요. 유대인들이 예루살렘으로 와서 그곳에 정착하고 있던 팔레스타인 사람들을 쫓아내고 이스라엘을 세운 것은 유대교의 교리 때문이에요. 따라서 이스라엘에 대해 자세히 알기 위해서는 유대교에 대해서도 알아 둘 필요가 있어요.

　유대교는 유일신인 여호와를 믿으며, 자신들만이 하느님에 의해 구원받는 민족이라고 생각해요. 그래서 유대교에서는 신약성경을 인정하지 않고, 예수가 하느님의 아들이라는 크리스트교의 교리도 부정하지요.

　유대인은 수천 년 동안 나라를 세우지 못했어요. 유럽 곳곳에서 무리 지어 살기도 하고 유럽과 이슬람 지역을 오가면서 살기도 했지만, 안정된 나라를 세우고 정착하지는 못했지요. 그럼에도 유대인들은 자신들의 종교인 유대교만큼은 꿋꿋이 지켜 나갔어요. 언젠가 자신들만이 구원받을 것이라는 믿음을 버리지 않았지요.

하지만 이런 유대교의 교리는 크리스트교인들의 미움을 샀어요. 크리스트교인들은 예수를 믿고 신약성경을 중시하는데, 유대인들이 이것을 인정하지 않았기 때문이에요. 또 가뜩이나 자신들의 땅에 빌붙어 사는 것이 마땅찮은 마당에, 자신들만이 구원받을 것이라며 뻐기는 유대인들이 곱게 보일 리 없었지요. 그래서 아주 오래전부터 유대인들은 크리스트교인들의 땅에 살면서도 그들과 섞이지 못하고 물과 기름처럼 떠돌았어요. 게다가 유대인은 대대로 장사 수완이 뛰어났어요. 남의 땅에서 살려면 돈이라도 많이 갖고 있어야겠다고 생각했기 때문일 수도 있어요. 이유야 어찌 됐든 간에 유대인들은 지독한 구두쇠에 야비한 장사꾼으로

나치스

폴란드 바르샤바에 있는 게토 기념비

힘을 가져야 한다! 오늘날의 유대인

미국이 이스라엘을 지원한 이유는 무엇 때문이었을까요? 이는 중동 지역에 서구와 친밀한 나라를 두고자 하는 미국의 속셈 때문이기도 하지만, 미국에서 강력한 힘을 발휘하고 있는 유대인들의 목소리가 통했기 때문이기도 해요. 핍박의 세월을 거치면서 힘을 가져야겠다고 생각한 유대인들은 그들이 소유한 막대한 자금을 바탕으로 미국의 정책에 영향을 끼치기도 하고, 유대인 스스로가 정책을 결정할 수 있는 높은 자리에 오르기도 했어요.

또한 많은 이들의 심금을 울린 『안네의 일기』나 유명 감독이자 유대인인 스티븐 스필버그의 〈쉰들러 리스트〉 등의 작품이 유대인에 대한 동정심을 불러일으켜, '유대인=피해자'라는 공식이 성립하면서 서구 사람들이 그들을 지지하게 만들기도 했어요.

스티븐 스필버그의 〈쉰들러 리스트〉 (출처 : 네이버 영화)

악명 높았지요.

이렇게 대대로 미움받으며 떠돌던 유대인들은 제2차 세계대전 당시 히틀러와 나치의 표적이 됐어요. 당시 독일 국민들은 높은 실업률과 제1차 세계대전으로 발생한 많은 전쟁 배상금 때문에 경제적 어려움에 시달리고 있었어요. 사람들의 불만은 나날이 높아만 갔지요. 히틀러는 독일 국민들에게 자긍심을 불어넣으려는 일환으로 게르만 민족의 우수성을 주장하면서 유대인과 집시, 장애인 등을 열등한 존재로 몰아붙였어요. 그러고는 이들을 게토˚에 수용해 엄격하게 통제하고 핍박했지요. 이는 독일 사회의 불만을 다른 쪽으로 터뜨리려는 히틀러의 작전이기도 했어요. 결국 히틀러는 유대인을 비롯하여 집시, 장애인 등 사회적 소수자들을 수용소에 가뒀다가 끔찍하게 학살하지요.

이 과정을 겪으면서 유대인들은 힘 있는 나라를 세워야겠다고 다짐했어요. 제대로 된 나라가 없기 때문에 이런 일을 당한 것이라 생각했던 거예요. 이들의 나라 세우기 운동을 '시오니즘(Zionism)'이라고 해요. 결국 제2차 세계대전이 끝난 후 1948년, 유대인들은 구약성경에서 하느님이 약속한 땅인 가나안으로 돌아가 이스라엘을 세워요.

게토란? 중세 이후 유럽 각 지역에서 유대인을 강제 격리하기 위해 만든 유대인 거주 지역을 말해요.

영국의 밸푸어 외무장관은 이미 1917년에 유대인의 건국을 지지한다고 선언했었지요. 이를 밸푸어 선언이라고 해요. 미국 역시 이스라엘의 건국을 지지하며 힘을 보탰어요. 특히 중동전쟁이 발발하자 이스라엘을 강력하게 지원했지요.

터전에서 쫓겨난 팔레스타인 사람들

유대인들은 오랜 시간 핍박을 받으면서 힘 있는 나라를 세우려는 열망으로 이스라엘을 건국했어요. 하지만 이 과정에 문제가 있었어요. 유대인들이 가나안이라고 주장하며 나라를 세운 지역은 팔레스타인 사람들이 기원전 12세기부터 정착해서 살고 있던 곳이었거든요.

하지만 유대인들은 그곳이 하느님이 약속한 땅이라는 이유로 팔레스타인 사람들의 땅을 빼앗고 자신들의 나라라고 주장했어요. 팔레스타인 사람들 입장에서는 날벼락이었지요. 삼천 년 전부터 팔레스타인 사람들이 매일같이 농사짓고 가축을 키우던 땅이었고, 지금은 아이들이 등하교하는 학교, 열심히 일하던 회사, 가족이 모이는 따뜻한 집이 있는 생활 터전인데 갑자기 유대인들이 유대교의 교리를 들이대며 나가라고 말하니 받아들일 수 없는 것은 당연하지요. 팔레스타인 사람들은 이에 저항했고 곧이어 전쟁이 일어났어요.

주로 이슬람교를 믿는 팔레스타인 사람들을 돕기 위해, 또 미국의 강력한 동맹국인 이스라엘이 중동 한복판에 나라를 세우는 것을 막기 위해 여러 아랍 국가들이 이스라엘에 전쟁을 선포했어요. 이스라엘을 둘러싸고 있는 이집트, 시리아, 레바논, 요르단 등은 주로 이슬람교를 믿는 아랍 민족으로 구성되어 있는데, 이질적인 유대교를 믿는 데다 미국이 뒤를 봐 주는 이스라엘의 건국을 두고 볼 수 없었지요. 이스라엘이 세워지면 이스라엘을 근거지로 해서 미국이 사사건건 중동에 간섭하게 될 테니까요.

이렇게 제1차 중동전쟁이 벌어졌어요. 하지만 제2차 세계대전 이후 초강대국으로 등장한 미국이 엄청난 군사력으로 이스라엘을 지원하면서 전쟁은 이스라엘의 승리로 끝나고 말아요. 팔레스타인 사람들은 대대로 살아온 땅을 떠나

무장한 이스라엘군

주변 아랍 국가들을 떠돌게 되었지요.

1948년 이후로도 전쟁은 1973년까지 네 차례에 걸쳐 벌어졌어요. 전쟁이 벌어질 때마다 팔레스타인 사람들은 피난을 다니거나 난민 수용소에서 생활할 수밖에 없었지요. 하지만 이스라엘의 강력한 군사력에 팔레스타인이 계속 밀려나면서, 한 번 고향을 떠난 팔레스타인 사람들은 돌아갈 날을 기약하지 못하고 대를 이어 난민 수용소에 의탁하는 처지가 되고 말았어요. 난민 수용소에서 태어나 이스라엘에 의해 핍박당하는 민족의 현실을 보고 들은 팔레스타인 아이들은 자연히 이스라엘에 증오심을 가질 수밖에 없을 거예요. 제대로 교육받을 기회도 없고, 나아지는 상황도 없이 절망 속에서 성장한 아이들은 이스라엘에 대한 복수를 다짐하거나, 복수를 부추기는 무장 단체에 쉽게 가담하기도 해요.

국제 사회가 머리를 맞대어 여러 차례 이야기해 보았지만, 팔레스타인과 이스라엘의 감정의 골이 워낙 깊은 데다, 초강대국 미국이 계속해서 이스라엘 편에 서면서 국제 사회의 노력이 줄곧 허사로 돌아가는 안타까운 상황이랍니다.

하마스와 인티파다, 팔레스타인의 분노

1948년부터 1973년까지 벌어진 네 번의 전쟁이 이스라엘의 압도적인 승리로 끝나면서 팔레스타인 사람들은 절망했고, 분노했어요. 결국 1987년 더 이상 참을 수 없었던 팔레스타인 사람들이 들고 일어났지요. 이를 '인티파다(intifada)'라고 해요. 우리나라 말인 '봉기'와 비슷하지요. 1987년의 인티파다는 1993년까지 이어져요. 이 시기를 제1차 인티파다라고 부른답니다. 그 결과 팔레스타인 사람들의 자치정부가 세워졌어요. 자치란 집단의 정책이나 사업, 법규 등을 결정할 수 있는 권한이 스스로에게 있는 것을 말해요. 즉 자치정부가 세워짐으로써 팔레스타인 사람들에게 스스로 민족의 일을 처리하고 앞날을 결정할 수 있는 길이 열리게 된 것이지요. 이스라엘과 팔레스타인은 '영토와 평화의 교환'을 약속하고 오슬로 평화협정을 맺었어요.

그러나 이 짧은 평화는 오래가지 못했어요. 어렵게 찾아온 잠시의

팔레스타인 난민 수용소

약속의 땅인가, 눈물의 땅인가?

평화는 쉽게 깨졌지요. 무력을 써서라도 많은 땅을 차지하고 싶어 하는 이스라엘 사람들의 목소리가 팔레스타인과의 평화를 주장하는 사람들의 목소리보다 컸거든요. 이스라엘 총리 아리엘 샤론은 팔레스타인의 주권을 인정할 수 없다고 주장했어요. 결국 2000년 발생한 제2차 인티파다는 2007년까지 이어졌지요. 그러나 역시 무력으로는 이스라엘에게 상대가 되지 않았어요.

그러자 팔레스타인 사람들은 전면전을 펼치는 대신 이스라엘 사람들이 많이 있는 곳에 테러를 하는 것으로 대응했어요. 테러가 벌어지면 민간인인 이스라엘 사람들도 죽거나 다치게 돼요. 게다가 이에 대한 보복으로 이스라엘은 더 무자비하게 팔레스타인을 공격해, 마을을 파괴하거나 학교와 병원처럼 꼭 필요한 시설을 부수었지요. 무력에 더 큰 무력으로 대응하면서 중동은 언제 터질지 모르는 전쟁으로 위태롭기만 했어요.

인티파다에 나선 팔레스타인 사람들

이러한 과정을 주도한 팔레스타인 무장단체의 이름은 '하마스'예요. 제1차 인티파다가 시작된 1987년 만들어진 이 단체는 학교 선생님이던 셰이크 아메드 야신이라는 사람이 만들었어요. 팔레스타인이 이슬람교를 믿는 사람들로 이루어진 국가라는 것은 앞에서 이야기했죠? 그런데 이슬람교는 최고 지도자를 누구로 보는지, 이슬람의 경전인 코란을 어떻게 해석하는지 등에 따라 여러 종파로 나뉜답니다. 하마스는 이슬람 원리주의에 뿌리를 둔 단체예요.

하마스는 이슬람 교리를 엄격하게 준수하면서 이스라엘을 물리치고 이슬람 원리주의 국가를 세우는 것을 목표로 삼고 있어요. 그 과정에서 일명 '자살폭탄테러'를 벌여 이스라엘 사람들을 공포로 몰아넣었지요. 자살폭탄테러란 말 그대로 자신의 몸에 폭탄을 맨 채 대중이 모인 곳에서 터뜨려 본인의 목숨과 함께 다른 여러 사람의 목숨을 빼앗는 거예요.

외부에서는, 특히 이스라엘을 비롯해 친이스라엘의 정치 성향을 가진 국가에서는 하마스를 테러 단체로 보고, 무고한 사람들의 목숨을 빼앗는 자살폭탄테러를 비난해요. 그러나 하마스는 이것이 자살이 아니라 종교를 위해 목숨을 바치는 '순교'라고 주장하지요. 같은 맥락에서 하마스를 세운 셰이크 아메드 야신에 대한 평가 역시 엇갈리고 있어요. 서방 세계에서는 야신을 테러리스트의 우두머리로 보지만, 아랍 세계 특히 팔레스

이슬람 원리주의란? 코란의 가르침에 따라 원래의 이슬람 정신으로 돌아가자는 운동이에요.

타인 사람들에게 야신은 독립투사이자 존경받는 지도자지요.

그렇지만 자신의 목숨을 내던지면서까지 다른 사람의 목숨을 앗으려는 것도, 다른 대안을 찾지 못하는 현실도 안타깝기만 해요.

끝이 보이지 않는 갈등

인티파다란 이스라엘에 대한 팔레스타인 민중의 봉기를 의미한다고 앞에서 이야기했죠? 1987년부터 2007년까지 두 차례의 인티파다가 있었지요. 지금도 여전히 이스라엘과 팔레스타인은 적대적인 관계에 놓여 있어요. 그래서 세 번째 인티파다로 번지는 것은 아닐지 걱정스러운 사건이 최근에도 잇달아 발생하고 있지요.

최근 벌어지는 사건이 과거 두 차례의 인티파다와 다른 점은 하마스처럼 조직화된 구심점이 있고 그 아래에서 활동하는 사람들에 의한 투쟁이 아니라, 개개인에 의한 자발적이고 무차별적인 테러가 늘어나고 있다는 점이에요. 집에 있는 권총이나 부엌칼을 들고 이스라엘인을 공격하거나, 자동차로 덮치는 등 예측 불가능한 '묻지 마 공격'이 특징이지요.

또 하나의 특징은 10대 청소년들이 이런 공격을 하는 경우가 많다는 거예요. 테러를 하다 잡히면 자신뿐 아니라 온 가족의 목숨이 위험해진다는 것을 알면서도 이스라엘에 대한 증오심을 키워 온 데다 불안정한 삶에서 비롯된 절망감이 테러로까지 이어지고 있는 것이지요. 이러한 형태의 자발적 공격을 '외로운 늑대'형 공격이라고 해요. 혼자 결심하고 실행하기에 누구의 지시를 받는 것도 아니고, 그렇기 때문에 예측 불가능하다는 점에서 이스라엘 사람들은 불안해하지요.

게다가 주동자 및 그의 가족들까지 모조리 처단해 버리는 이스라엘의 보복식 대응 방법으로 사태는 점차 심각해졌어요. 그러다 2014년, 국제사회가 주목하는 큰 폭력 사태가 다시금 발생했어요. 팔레스타인 무장 단체인 하마스가 이스라엘 청소년 세 명을 납치했는데, 이후 이들이 요르단 강 서안에서 시신으로 발견된 거예요. 이스라엘 사람들은 분노했지요. 그런데 이번에는 이슬람 소년 한 명이 납치되어 시신으로 발견됐어요. 양쪽의 갈등은 폭발하고 말았어요. 이스라엘은 가자지구를 향한 공습을 개시했지요. 이 전쟁을 '가자전쟁'이라고 해요. 그러나 전투기를 이용한 이스라엘의 공습에 비해 팔레스타인의 대응은 로켓포 수준에 그쳐서 사실상 이스라엘의 무차별 공격이라고 볼 수 있어요. 약 50일간 이어진 공습으로 2100여 명의 팔레스타인 사람들이 사망하고, 가자지구는 철저하게 파괴됐어요. 이스라엘인 사망자는 73명이었어요. 팔레스타인 사망자의 대부분은 민간인이었지요. 생활권인 가자지구가 파괴된 데다, 이스라엘의 가자지구 봉쇄가 이어지면서 살아남은 사람들의 생활도 열악해졌어요.

　서로를 향한 증오와 분노는 나날이 심각해지고 있어요. 인터넷 검색창에 '팔레스타인'이나 '이스라엘'을 검색하기만 해도 이스라엘인의 피살 사건, 사망한 팔레스타인 사람의 장례식, 이스라엘 군인의 발포, 서로에

대한 '묻지 마 방화' 등 비슷한 내용의 기사가 매일같이 쓰인 것을 확인할 수 있어요. 우리는 이 지역의 갈등 상황에 대해 군사 움직임이나 폭격 등 굵직한 사건이 있을 때나 관심을 보이는 수준이지만, 그곳에 살고 있는 사람들은 매일같이 끝을 알 수 없는, 복수가 복수를 부르는 전쟁을 치르고 있답니다.

분리장벽일까 보안장벽일까?

이스라엘은 팔레스타인 사람들이 정착해 살고 있는 서안지구에 높은 장벽을 설치했어요. 팔레스타인 사람들이 사는 곳과 이스라엘 사람들이 사는 곳을 구분하려고 설치한 것이지요. 콘크리트와 철조망으로 이루어진 이 장벽의 높이는 5미터나 된답니다. 이스라엘 총리는 이 장벽이 이스라엘 사람들을 팔레스타인의 테러로부터 보호하기 위해 지은 것이라고 주장해요. 그래서 '보안장벽'이라고 부르지요. 반면 팔레스타인 사람들은 이 장벽이 세워지고 나서 평소 오가던 지역을 갈 수 없게 되었고, 이 때문에 직장을 잃고 학교도 다닐 수 없게 되었다고 주장해요. 그래서 이 장벽을 '분리장벽'이라 부르며 철거할 것을 요구하지요. 국제 사회에서도 이 장벽이 팔레스타인 사람들의 인권을 침해한다고 비난하고 있어요. 그렇지만 이스라엘의 입장은 아직도 변함이 없지요.

2002년 이스라엘이 요르단 강 서안지구 내에 건설한 거대 장벽

이스라엘과 팔레스타인의 영토 분쟁의 역사

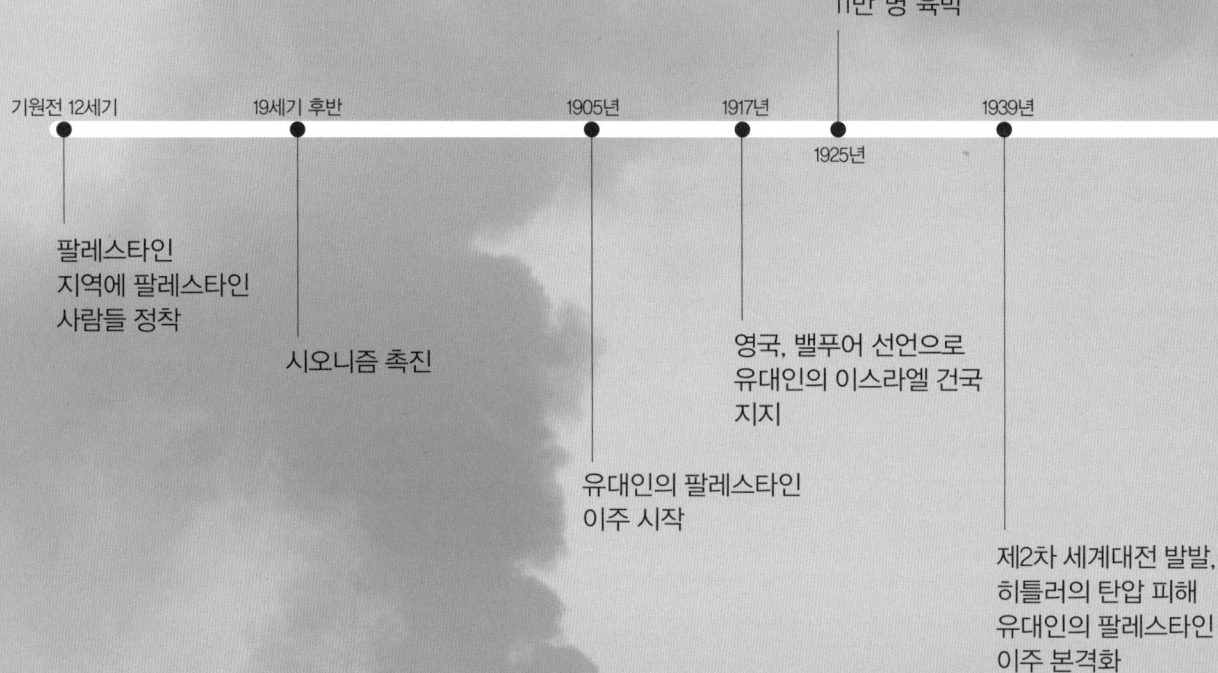

- 기원전 12세기: 팔레스타인 지역에 팔레스타인 사람들 정착
- 19세기 후반: 시오니즘 촉진
- 1905년: 유대인의 팔레스타인 이주 시작
- 1917년: 영국, 밸푸어 선언으로 유대인의 이스라엘 건국 지지
- 1925년: 팔레스타인 거주 유대인 11만 명 육박
- 1939년: 제2차 세계대전 발발, 히틀러의 탄압 피해 유대인의 팔레스타인 이주 본격화

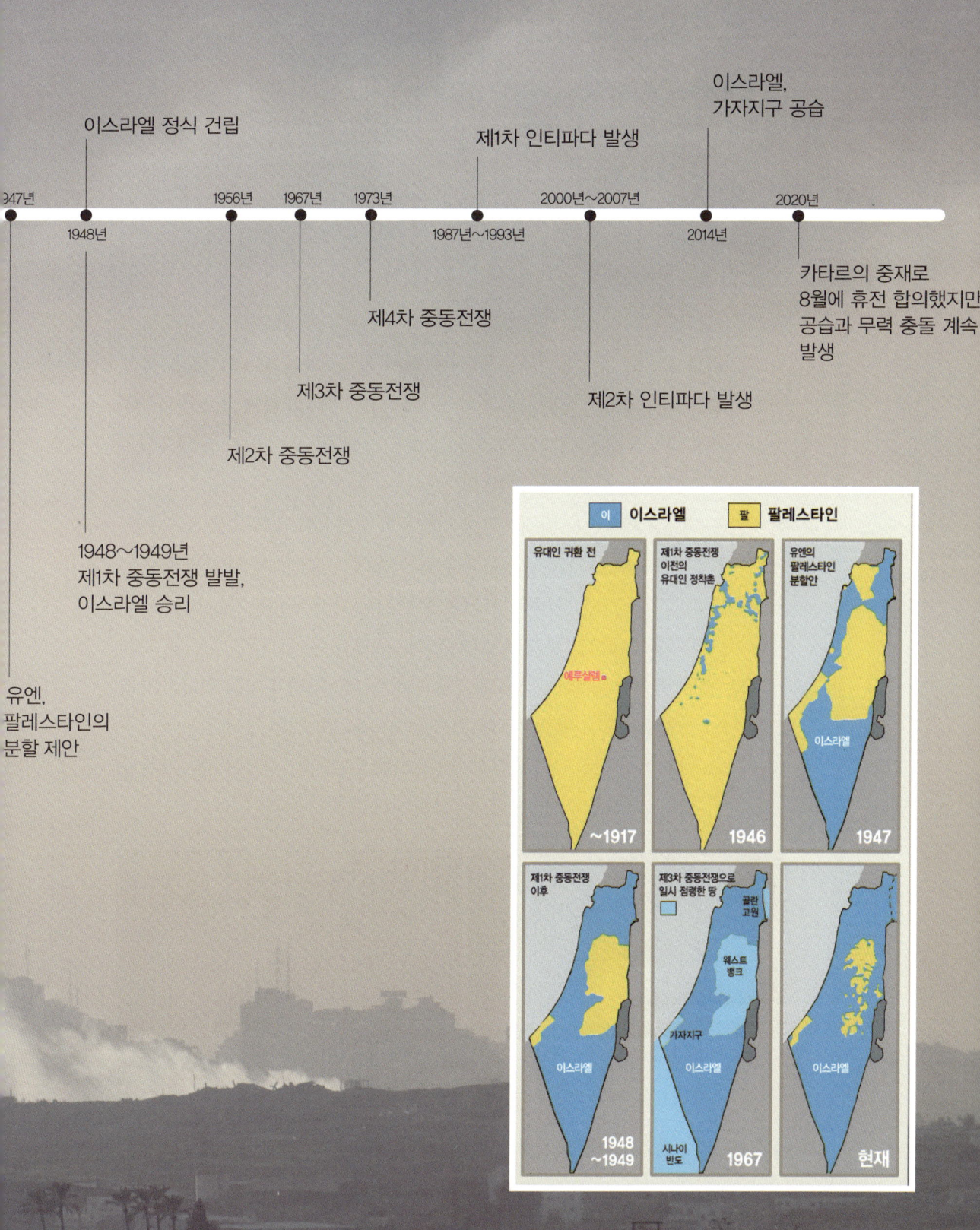

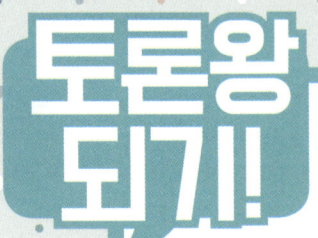

 이스라엘과 팔레스타인이
평화롭게 공존할 방법은 없을까?

유대인은 오랜 시간 자신들만의 나라가 없어서 힘겨운 시간을 보냈어요. 그에 대한 한풀이라도 하듯이 구약성경에 나온 가나안 지방이 오늘날의 팔레스타인 지방이라며 그곳을 차지했지요. 그런데 그들이 차지한 곳은 이미 팔레스타인 사람들이 수천 년 동안 살아온 곳이었어요.

유대인은 나라를 세우면서 팔레스타인 사람들과 함께 살아갈 생각을 하지 않았어요. 대신 국제 사회에서의 우월한 지위를 이용해서 팔레스타인 사람들을 압박했지요. 미국과 영국은 중동에 자신들과 친한 국가가 세워지기를 바랐기 때문에 이스라엘을 전폭적으로 지지했어요. 이스라엘이 팔레스타인 사람을 못살게 구는 것도 못 본 척했지요. 이렇게 국제 사회가 저마다의 이익을 취하기에 급급한 사이, 팔레스타인 사람들은 자신의 터전에서 쫓겨나야만 했어요.

이에 팔레스타인 사람들은 이스라엘에서 테러를 일으키기 시작했어요. 폭탄을

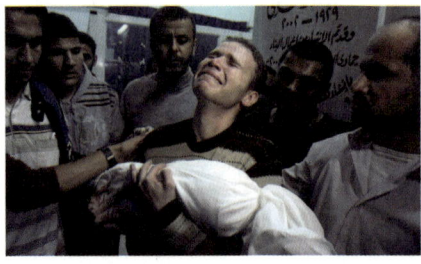

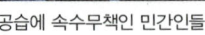
공습에 속수무책인 민간인들

지구촌 국제 분쟁

하마스를 세운 셰이크 아메드 야신 (출처: AFPBBNews)

가자 전쟁 기간 동안 이스라엘에 설치된 미사일 방어 시스템

온몸에 매단 채 이스라엘 사람들이 모여 있는 곳에서 자살폭탄테러를 벌이기도 하고, 지하 무장조직 하마스를 조직해서 이스라엘에 맞서 싸우기도 했어요. 그러자 이스라엘은 아예 팔레스타인 사람들이 사는 곳과 이스라엘 사람들이 사는 곳 사이에 거대한 장벽을 세워 팔레스타인 사람들이 오가지 못하게 막아 버리고 말았어요.

이렇게 서로가 극과 극으로 대립하는 사이 두 나라 사람들은 서로 미워하고 증오하게 되었어요. 복수는 더 큰 복수를 낳고 있지요. 두 나라가 서로 공존하면서 살아갈 수 있는 방법은 없을까요? 또 그렇게 하기 위해서 국제 사회는 어떤 노력을 기울여야 할까요? 여러분의 생각을 부모님, 친구들과 토론해 보세요.

다음 인물에 맞는 주장을 찾아 잇고, 각 주장에 대해 여러분은 어떻게 생각하는지 친구들과 의견을 나누어 보세요.

하마스 지도자 셰이크 아메드 야신

"팔레스타인의 주권을 인정할 수 없소."

영국 외무장관 밸푸어

"유대인의 이스라엘 건국을 지지합니다."

이스라엘 총리 아리엘 샤론

"팔레스타인을 지키기 위해서 끝까지 싸울 것이오."

&정답
하마스 지도자 셰이크 아메드 야신-"팔레스타인을 지키기 위해서 끝까지 싸울 것이오.", 영국 외무장관 밸푸어-"유대인의 이스라엘 건국을 지지합니다.", 이스라엘 총리 아리엘 샤론-"팔레스타인의 주권을 인정할 수 없소."

4장
내전에서 IS까지 바람 잘 날 없어라

시리아

이 나라에 이런 일이!

'철썩, 철써-억.'

오늘따라 파도가 거세요. 스무 명이 탈 수 있는 보트에는 오십 명 가까이 되는 사람들이 올라타 있었어요. 아사드는 금방이라도 파도가 보트를 집어삼킬 것만 같아 두 눈을 꼭 감았어요.

"아빠, 무서워요."

"조금만 참으렴. 걱정 마, 아빠가 옆에 있잖니. 이 배를 탈 수 있어 얼마나 다행인지 모른단다."

아빠 말씀처럼 대부분의 사람들은 이 보트라도 탈 수 있었던 것을 알라신의 가호라고 생각하고 있었어요. 안전한 곳으로 대피해 가족의 목숨을 살릴 길이 조금이나마 열렸기 때문이에요.

하지만 이 바닷길에 오른 보트가 벌써 수십 번이나 뒤집어졌었다는 걸, 이들은 알고 있을까요? 부디 모두가 무사히 육지에 닿을 수 있기를……

저는 시리아에서 온 마하미드입니다. 시리아 정부군과 반군들 사이의 전쟁이 계속되면서 우리 가족은 더 이상 시리아에서 살 수 없게 되었어요. 어쩔 수 없이 시리아를 떠났지만 우리를 받아 주는 곳은 많지 않았어요. 어떤 사람들은 일자리를 구할 수 있는 안전한 유럽으로 가고 싶어 하고, 누군가는 같은 이슬람권인 터키나 요르단으로 가는 게 낫다고 해요. 그렇지만 어느 쪽도 정착하기에 쉽지는 않은 것 같아요. 유럽 사람들은 우리를 받아들이면 사회 혼란이 일어난다고 생각하고 있어요. 게다가 테러 단체 IS가 서양 사람들을 위협하면서 이슬람 전체에 대한 인식이 매우 나빠졌대요. 또 우리나라처럼 이슬람교를 믿는 나라에서도 너무 많은 시리아 사람들이 난민 신청을 하자 난처해한대요.

그런데 저는 우리나라가 제일 좋아요. 학교도 다시 다니고 싶고, 옆집 형과 공놀이도 하고 싶어요. 추위와 배고픔에 쇠약해진 동생도 걱정이에요. 어서 전쟁이 끝나면 좋겠어요. 동생이 건강해져서 함께 학교에 다닐 수 있게 말이에요.

알-아사드 일가의 40년 독재

시리아 국민들은 오랫동안 독재 정치로 고통받았어요. 40년이 넘는 기간 동안 알-아사드 일가가 대를 이어 시리아를 통치하고 있지요. 현재 시리아의 대통령은 바샤르 알-아사드예요. 그의 아버지이자 전 대통령은 하페즈 알-아사드이지요. 1970년 국방장관이던 하페즈는 쿠데타로 대통령직을 차지하고는 국가비상사태를 선포했어요. 국가비상사태는 나라에 중대한 위기가 닥쳤을 때 나라와 국민을 지키기 위해 선포되어야 하는 것이랍니다. 그렇지만 독재 정권은 이를 반대 세력을 탄압하고 자

국가비상사태란? 천재지변이나 전쟁 등 나라에 위기가 닥쳐 일상적인 치안과 안보를 유지하기 어려울 때 선포되는 거예요.

신들의 부정부패를 감추는 데 활용하기도 해요. 쿠데타로 대통령직을 차지한 하페즈는 정권에 위협이 될 조직이나 반대 세력을 무자비하게 탄압했어요. 시리아의 상업도시 하마에서만 3만 명이나 학살했다고 하니, 외부에 제대로 알려지지 않은 사건은 더 많을 거예요.

2000년에 하페즈가 사망하자 시리아 국민들은 독재 정치가 끝나고 민주화를 이룰 수 있지 않을까 기대했어요. 하지만 하페즈의 아들인 바샤르가 대통령직을 이어받으면서 시리아 국민들의 바람은 산산조각났지요. 심지어 시리아 헌법에서는 만 40세 이상인 사람만 대통령직에 오를 수 있었는데, 당시 34세이던 바샤르는 헌법을 뜯어고쳐 가며 대통령직을 차지했어요. 바샤르는 민주주의의 시초격인 영국에서 유학을 한 데다 신식 교육을 받은 안과의사였고, 당시 막 발달하던 인터넷의 활용에도 관심이 많아 아버지인 하페즈와는 다르지 않을까 싶었지만, 헛된 기대였던 거예요. 바샤르는 아버지인 하페즈가 했던 방식대로 경찰이나 보안요원 등을 내세워 공포정치를 펼쳤어요. 민주화를 외치던 지식인과 시민들의 목소리는 차츰 잦아들고 말았지요.

하지만 2010년, 중동과 북아프리카 일대에 이른바 '아랍의 봄'으로 불리는 민주화 혁명의 바람이 불었어요. 특히 튀니지에서는 대학 졸업 후에도 일자리를 구하지 못해 노점상을 하며 생계를 꾸리던 무함마드 부아지지라는 청년의 분신자살이 대중의 분노를 불러일으켜 혁명으로 발전

튀니지에서 시작된 재스민 혁명

했어요. 이를 '재스민 혁명'이라고 해요. 재스민 혁명을 계기로 23년간 독재 정치를 하던 튀니지 대통령 벤 알리는 사우디아라비아로 도피했어요. 이는 아랍 국가에서 쿠데타가 아닌 민중 봉기로 정권을 교체한 최초의 사례예요.

시리아에서도 민주화에 대한 열망이 다시 타올랐어요. 물론 바샤르를 비롯한 독재 정권을 비호하는 세력은 콧방귀도 뀌지 않았지요. 어김없을

재스민 혁명이란? 2010~2011년 사이에 일어난 튀니지 혁명이에요. 이는 중동 및 북아프리카에 연속적인 시민 혁명을 불러일으켰어요.

것이라고 예상한 거예요. 그러나 상황은 예전과 달랐어요. SNS나 인터넷을 통해 정보가 빠르게 오갔지요. 빠른 정보 덕분에 사람들은 더 쉽게 모일 수 있었어요. 여러 사람이 뜻을 함께한다는 것이 시민들의 투쟁 의지를 북돋았지요. 이에 당황한 바샤르는 타오르는 민중의 열기를 누그러뜨리기 위해 여러 가지 약속을 했지만, 더 이상 국민들의 신뢰를 얻지 못했어요. 나날이 시위는 심해졌고, 급기야 죽거나 다치는 사람까지 발생하면서 상황은 더 심각해졌어요.

민주화 운동에서 내전으로

시리아 시민들의 투쟁은 점점 거세져 갔어요. 오랜 세월 억눌린 독재 정권에 대한 반발심에다 경제적인 어려움, 부의 불평등한 분배와 높은 실업률 등으로 쌓였던 불만이 터진 거예요. 하지만 정부의 탄압도 그에 못지않았지요. 바샤르 정권은 시민들을 가혹하게 짓밟았어요. 바샤르는 친동생인 마허에게 군대 지휘권을 주면서 시위를 진압하게 했어요. 군대가 나서자 희생자 수는 크게 늘어났어요. 민간인 거주 지역을 군인이 장

> **TIP**
>
> **'아랍의 봄' 그리고 겨울**
>
> 2010년부터 중동과 북아프리카 지역을 들썩인 반정부 시위를 통틀어 '아랍의 봄'이라고 해요. 튀니지에서 발생한 재스민 혁명은 주변 아랍 국가들에 빠르게 영향을 미쳤어요. 발달한 인터넷과 SNS 덕분에 재스민 혁명에 대한 소식을 신속히 전달받은 사람들이 결집했거든요. 이는 과거의 민중 봉기와는 다른, 새로운 형태였어요. 독재자가 군림하던 많은 아랍 국가의 시민들이 부정부패한 독재 정권은 물러나라며 시위를 했어요. 이로써 알제리, 수단, 쿠웨이트, 시리아 등 북아프리카와 아랍의 대다수 국가에서 민주화 시위가 벌어지고 이집트, 리비아, 예멘 등의 나라에서 정권 교체가 이루어졌어요.
>
> 그러나 이렇게 무르익은 민주화 분위기에도 불구하고 각국의 정세는 새로 들어선 정권이 제대로 자리를 잡지 못하여 다시 군대가 정권을 차지하거나, 양쪽이 팽팽히 맞서며 내전으로 치달으면서 혼돈으로 빠져들었어요. 시리아 역시 이 와중에 발생한 내전으로 지금까지 국민들이 고통받고 있지요.

악하고 포탄을 날리는 일도 벌어졌지요. 그러자 평화적으로 시위를 하던 시민들도 차츰 무기를 손에 쥐고 맞서 싸우기 시작했어요. 이렇게 양측 모두 사생결단으로 맞서면서 민주화 시위는 점점 내전으로 치달았지요.

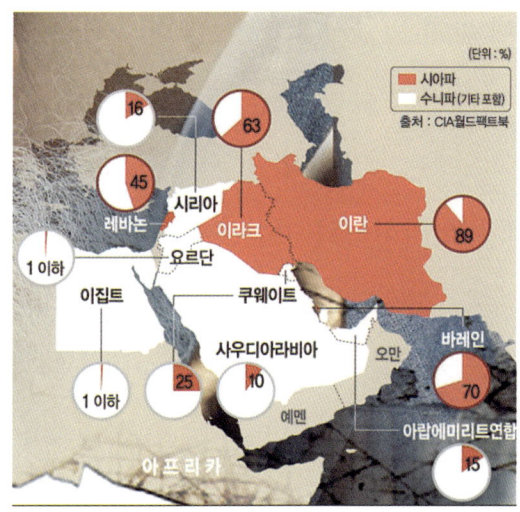

중동지역 반정부 시위 국가 및 시아파 인구 비율

내전 발생 초기만 해도 국제 사회는 시리아 내전이 곧 끝날 것이라고 판단했어요. 그러나 군인들이 반군에 가담하기 위해 탈영하는 데다, 정부군 역시 강경 진압 원칙을 유지하면서 내전은 쉽게 끝날 기미를 보이지 않고 있어요. 게다가 민주화 시위로 인한 정부군과 반군의 싸움으로 시작된 시리아 내전이 이제 주변국의 이해관계, 종파별로 나뉘는 지지 세력, 중동의 패권을 장악하기 위한 강대국의 손익계산 등에 의해 대리전*의 양상을 띠게 되었어요. 또 종교전쟁의 특성에다 반군끼리도 서로 대립하는 등 아주 복잡한 상황

대리전이란? 약소국이나 약소 집단이 강대국들의 세력 싸움에 휘말려 그들 대신 치르는 전쟁을 말해요. 시리아 내전 역시 대리전의 성격을 띠고 있어요.

에 놓여 버렸지요.

 사우디아라비아는 시리아 반군을, 이란은 정부군을 지지하고 있어요. 여기에는 정치적인 문제뿐만 아니라 종교적인 문제까지 작용하지요. 사우디아라비아와 이란은 둘 다 이슬람교를 믿긴 하지만 따르는 종파가 달라요. 사우디아라비아는 수니파, 이란은 시아파를 믿거든요. 한편 시리아 국민 대부분은 수니파인 데 반해 알-아사드 정권은 시아파의 한 분파인 알라위파를 믿어요. 따라서 사우디아라비아는 수니파인 반군을, 이란은 시아파인 정부군을 지지하는 것이랍니다.

 수니파와 시아파를 믿는 여러 이슬람 국가 중 수니파에서는 사우디아라비아가, 시아파에서는 이란이 가장 힘이 센 국가이기 때문에 두 나라

의 시리아 내전 개입은 곧 종파 간의 대립이라고 할 수 있어요. 즉, 사우디아라비아와 이란이 각각 반군과 정부군을 지원하는 데는 각자가 믿는 종파의 시리아 정권을 세우고자 하는 속내가 담긴 셈이지요.

게다가 시리아 정부군과 반군이 서로를 공격하다 이스라엘이나 터키 등 주변국에 포탄을 잘못 쏘기도 했어요. 피해를 입은 나라에서는 즉시 반발했고, 이에 따라 갈등이 심해지고 있지요.

시리아 내전에 국제 사회가 개입하는 것도 쉽지 않은 모양이에요. 시리아 반군 조직이 너무나 복잡하거든요. 현재 시리아 반군은 민주 정권

시아파와 수니파

이슬람교가 둘로 갈라진 때는 632년까지 거슬러 올라가요. 이슬람교를 창시한 무함마드가 후계자 없이 사망하자, 뒤를 누가 이을지를 놓고 논쟁이 벌어졌어요. 그때 무함마드의 친구인 아브 바르크를 후계자로 지지한 쪽은 수니파가 되었어요. 무함마드의 사위인 알리를 지지한 쪽은 시아파가 되었지요. 수니파는 전체 이슬람교도의 80~90% 정도로 시아파에 비해 훨씬 많아요. 사우디아라비아 외에도 터키, 이집트, 카타르 등이 수니파지요. 이란이 속한 시아파에는 이라크, 레바논 등이 있어요. 하지만 권력을 잡은 정권과 일반 국민이 믿는 종파가 서로 다른 경우도 있어요. 이라크, 시리아가 그런 경우지요. 이 경우 정권이 국민을 탄압하거나 같은 종파에게만 특혜를 주는 문제가 발생하기도 해요. 1400여 년간 계속된 싸움으로 두 종파 사이의 원한은 매우 깊어졌지요. 2016년 1월, 사우디아라비아가 이란에 국교 단절을 선언하고 이를 비판한 카타르에 대해서도 사우디아라비아, 바레인, 아랍에미리트, 이집트가 2017년 국교를 단절하는 등 지금도 둘 사이는 매우 좋지 않답니다.

에 대한 열망으로 설립된 자유시리아군이나 자유시리아군과 연대한 다양한 반군 세력 외에도, 정부군과 싸우면서도 자유시리아군과 대립하는 IS라는 조직이 있답니다. 이라크와 시리아에 걸쳐 활동하는 조직인 IS는 나날이 세력을 키우고 있는 이슬람 원리주의 조직으로서, 철저한 수니파 이슬람 국가를 세우는 것이 목표예요. 이를 위해 세계 각국에서 테러 행위를 벌이는 데 거리낌이 없지요. 상황이 이렇게 되자, 시리아의 알-아사드 정권이 바뀐다고 해도 어떤 세력이 정권을 잡을지 알 수 없게 되었어요. 국제 사회에서는 반군을 도와서 시리아 정부군을 몰아냈다가 IS가 시리아를 장악하게 될까 봐 우려하고 있지요. 또 알-아사드 정권과 친하게 지내던 러시아와 중국이 시리아 정부군을 옹호하면서, 유엔도 개입하는 데 어려움을 겪고 있어요.

이렇게 시리아 내전은 민주화에 대한 열망에서 시작했지만, 민족 내부의 종교적인 문제에다 강대국 사이의 힘겨루기와 손익 계산까지 더해지면서 점점 심각해지고 있어요. 어디서부터 풀어야 할지 알 수 없는 복잡한 상황 속에서 시리아 국민들의 피해만 나날이 커져가고 있지요.

테러로 세계를 공포에 떨게 하는 IS

IS는 Islamic State의 약자로 우리말로 '이슬람국가'라고 할 수 있어요. IS

자료: 미국 국방부, 동아일보

는 원래 ISIL이라는 이름으로 불렸지요. IL은 무엇의 약자일까요? 바로 이라크(Iraq)와 레반트(Levant)의 앞 글자를 딴 거예요. 이라크는 미국이 테러와의 전쟁을 선포하며 오랜 기간 전쟁을 벌였던 곳으로 익숙한 나라이지요. 레반트는 특정 나라가 아니라 여러 지역을 포괄적으로 지칭하는 것인데, 시리아를 비롯한 지중해 동쪽의 중동 지역을 일컫는 말이에요. 오늘날 우리가 알고 있는 IS는 ISIL이 이름을 바꾼 조직으로 본래는 이라크를 중심으로 활동하는 테러 조직이었어요. 그러다 시리아에서 내전이 벌어지자, 시리아로 활동 지역을 옮겼어요.

시리아 반군의 목표는 시리아 정부의 독재 정치에 반대해서 알-아사드 정권을 무너뜨리고 민주 정권을 세우는 거예요. 반면 IS는 차지한 지역을 수니파 계열의 이슬람 원리주의 국가로 만드는 것이 목표예요. 이 때문에 IS는 정부군뿐만 아니라 반군과도 대립하는 사이지요.

게다가 IS는 테러를 일으켜 무고한 사람들을 죽이거나 다치게 하고, 잡은 포로들을 잔혹하게 다루는 것으로 유명해요. 이것을 인터넷을 통해 널리 퍼뜨림으로써 자신들의 존재를 부각시키려 하지요. 이는 IS에 대한 공포심을 널리 퍼뜨리려는 의도예요. IS가 인질로 잡은 사람들은 미국인, 영국인, 러시아인, 일본인 등 국적도 다양해요. IS는 오바마 미국 대통령을 언급하며 미국인 인질을 처형하고, 러시아인 인질을 처형할 때는 푸틴 러시아 대통령을 지목하는 등 세계 각국의 대통령들을 직접 언급하며 자극했어요.

IS가 이렇게 대범하고 과감할 수 있는 것은 그들이 이전의 테러 단체와는 다른 특징을 갖고 있기 때문이에요. 무엇보다 IS는 막대한 자금을 갖고 있어요. 그래서 사상 최고의 부자 테러 단체라고 불리기도 한답니다. IS는 2014년 이라크의 제2도시인 모술을 장악했고, 시리아에서는 8곳의 석유와 가스 유전을 빼앗았어요. 점령한 도시의 주민에게 각종 세금도 걷지요. 이렇게 쌓은 부를 바탕으로 IS는 최신식 무기를 사들이고 있어요. 또 높은 월급을 보장하겠다며 전 세계에서 용병을 모집하고 있답니다. 이에 따라 1만 명 수준이던 IS의 병력은 5만 명까지 증가했지요. 하지만 2016년 10월 미국과 이라크 등의 연합군이 IS를 공격하여 2017년 7월에 모술 지역 탈환을 공식 선언하기에 이르렀고 본거지를 잃게 된 IS는 큰 타격을 입었지요.

이렇듯 IS는 전쟁에서 차지한 지역을 기반으로 나라를 세운 것이 다른 지하에 숨어 활동하는 경우가 대부분인 테러 단체들과 구별되는 점이었어요. 물론 국제 사회는 이를 인정하지 않았고 2019년에는 국제 사회 공조로 IS가 약탈한 영토를 모두 되찾는데 성공했어요.

IS는 시리아 정부군과 내전을 벌이는 와중에도 세계 각국에서 테러를 계속하고 있어요. IS는 무고한 시민을 향해 무차별적 테러를 하는 데다, 테러 발생 지역 또한 종잡을 수 없는 것이 특징이에요. 2015년 11월에는 프랑스의 수도인 파리에서 테러가 발생해 120여 명이 사망하고 200여 명

2015년 11월의 파리 테러 공격으로 희생당한 사람들을 추모하는 모습

이 부상당했어요. 파리 시내 곳곳에서 동시다발로 발생한 테러에 파리 시민들은 공포에 휩싸였어요. 파리 테러 이후 IS는 이 테러가 자신들의 소행임을 선전하면서 이후에도 민간인을 대상으로 한 테러를 계속할 것이라고 발표했어요. 각국의 대표들은 IS의 행위를 반인륜적 범죄 행위라고 비난하고, 테러에 희생당한 사람들을 위로했지요. 그리고 혹시 모를 추가적인 테러에 적극 대응할 태세를 갖추고 있어요.

그러나 테러를 막는 것은 쉬운 일이 아니에요. 게다가 유럽이 EU로 통합된 이후 국경을 오가는 것이 자유로워졌기 때문에 테러범의 밀입국을 완벽하게 막기 어렵다는 비판도 제기되었지요. 또 유럽 사회에는 아프리카나 이슬람 출신의 이민자들이 많이 정착해서 살고 있는데, 이들 중 일부가 테러 단체에 가담하거나 주민으로 위장해 숨어들기도 해요.

그렇다고 해서 이슬람교인이나 유색 인종을 무조건 의심해서는 안 돼요. 테러리스트 때문에 선량한 사람들이 피해를 입거나 종교끼리, 인종끼리 대립한다면 분열을 일으키고자 하는 IS의 의도대로 흘러가는 것일 테니까요. 제2차 세계대전을 거치면서 인종에 대한 차별과 홀대가 얼마나 참혹한 결과를 불러왔는지 전 세계인들은 똑똑히 기억하고 있답니다. 따라서 테러 방지와 시민 통합을 모두 이뤄내기 위해 많은 사람들의 지혜를 모아야 할 때이지요.

각국으로 탈출하는 시리아 난민

나라 안의 세력이 갈라져 전쟁이 벌어진 것도 모자라 종교적, 물질적, 지리적 원인으로 전쟁이 대리전의 양상을 띠면서 시리아의 상황은 점점

대리전의 비극, 한국 전쟁

우리나라도 대리전의 비극을 겪은 적이 있어요. 바로 1950년에 발생한 한국 전쟁이지요. 당시 세계는 미국이 대표하는 자유주의·시장경제 세력과 소련이 대표하는 사회주의·공산주의 세력으로 나뉘어 힘겨루기를 하고 있었어요. 그 와중에 우리나라는 해방과 동시에 38선에 의해 남북으로 나뉘었고, 북쪽에서는 소련, 남쪽에서는 미국이 영향력을 행사했어요. 그러다 결국 1950년 6월 25일 북한의 남침으로 전쟁이 시작되었지요. 3년 동안 지속된 전쟁에서 우리는 같은 나라 사람끼리 미워하고, 싸우고, 죽여야만 했어요. 그 당시의 아픈 상처와 뒤틀린 역사는 오늘날까지도 충분히 해결되지 못하고 있지요.

시리아에서 50마일 떨어진 터키 국경의 난민 캠프

더 복잡해졌어요. 게다가 국민을 지켜야 할 정부군마저 반군에 맞서 싸운다는 명분을 내세워 무차별적인 폭격으로 주민들의 목숨을 앗아가거나, 걸핏하면 반군 일당으로 몰아붙여 괴롭히기 일쑤였어요. 반군은 반군대로 자신들이 차지한 지역의 주민에게서 세금을 걷고, 젊은 남자들을 골라 군인으로 삼거나 반군의 일을 돕게 했지요. 그렇지만 그 후 상황이 바뀌어 반군이 점령하던 지역을 정부군이 되찾으면 그 지역의 주민들은 적에게 도움을 주었다는 이유로 괴롭힘을 당하게 된답니다. 반대의 경우도 마찬가지고요. 전쟁이 치열해져 점령군이 자주 바뀔수록 주민들의 삶은 더욱 고통스러워지지요.

　더 이상 시리아에서 살 수 없다고 판단한 시리아 국민들은 나라를 떠나기로 결심했어요. 사람들은 가장 가까운 나라부터 먼 나라까지, 안전한 곳을 찾아 나섰어요. 가장 영향을 많이 받은 곳은 시리아와 문화적으로 비슷한 배

2015년 9월 4일, 부다페스트 켈리티 기차역의 시리아 난민들

경을 가진 인근의 이슬람 국가인 터키, 레바논, 요르단 등이에요. 그중 터키로 간 난민이 가장 많은데, 350만 명에 달해요. 시리아와 지리적으로도 밀접한 터키는 시리아 난민들이 1순위로 생각하는 피난지일 뿐만 아니라, 유럽으로 가려는 난민들의 통로이기도 하지요. 터키는 인도적인 차원에서, 그리고 같은 종교를 믿는 국가로서 할 수 있는 한 난민들을 받아들이고 있어요. 그렇지만 시리아의 비상 상황으로 발생한 난민을 터키가 모두 짊어질 수는 없는 일이지요. EU는 터키에 30억 유로(3조 9천억 원) 상당의 지원금을 보조해 주기로 했어요. 터키에서 난민 수용을 거부하면 유럽으로 더 많은 사람들이 몰려들면서 엄청난 혼란이 일어날 것이 걱정되었기 때문이에요. 그러나 30억 유로가 큰돈임에도 불구하고 터키로 계속 밀려드는 사람들의 의식주를 해결하는 데는 매우 부족한 것이 사실이에요. 터키도 이 사실을 강조하면서 시리아 난민 문제는 터키 혼자 감당

할 수 있는 일이 아니며, 유럽 각국의 추가 지원과 지속적인 관심이 있어야 한다고 주장하고 있어요.

한편 유럽으로 떠난 시리아 난민들은 독일, 영국, 프랑스, 노르웨이 등 서유럽과 북유럽의 선진국에 정착하길 원해요. 경제 상황이 좋은 국가인 만큼 일자리를 찾기 쉬울 것이라고 생각하기 때문이에요. 또 나라에 여유가 있으니 난민에게 주는 지원금도 넉넉할 것이고, 치안도 좋을 것이라는 판단이지요. 하지만 너무 많은 난민이 국내로 들어오면 사회가 혼란스러워질 것이라고 생각한 유럽의 여러 정부는 받아들일 난민의 수를 제한했어요. 그렇다 보니 많은 사람들은 불법으로 국경을 넘거나, 배를 타고 바다를 건너기도 해요. 이 과정에서 많은 사람들이 목숨을 잃었어요. 그리스로 넘어가려는 난민을 태운 배가 뒤집어지거나 바다에 빠지면서 2015년에만 806명이 사망했지요. 위험천만한

지 못한 사람들이 비닐봉지로 눈바람을 막으면서 서로의 체온에 의지해 가며 이동하고 있는 상황이에요. 많은 사람들이 저체온증으로 동사할 위험에 놓였지요. 아이들의 상황은 더욱 심각해요.

게다가 시리아 난민을 바라보는 시선이 차가워지고 있다는 것도 큰 어려움이에요. 배가 난파되어 안타깝게 세상을 떠난 쿠르디 이야기가 알려지고, 헝가리 기자가 모센이라는 난민에게 발길질을 한 모습이 인터넷을 뜨겁게 달궜을 때만 해도 시리아 난민에 동정적인 시선이 많았어요. 쿠르

가장 유명한 난민, 모센과 쿠르디 이야기

의도하지 않은 슬픈 사연으로 모센과 쿠르디는 가장 유명한 난민이 되었어요. 50대의 가장인 모센은 막내아들과 떠난 피난길에서, 세르비아 국경선을 막아선 헝가리 경찰을 피해 달아나다 누군가의 발에 걸려 넘어지고 말았어요. 알고 보니 그 장면을 취재 중이던 헝가리 방송국의 페트라 라슬라라는 기자가 일부러 발을 걸었던 거예요. 이 사실이 인터넷을 통해 널리 퍼지면서 사람들은 라슬라를 비난하고 모센의 사연을 안타까워했어요.

한편 쿠르디는 부모님, 형제와 함께 난민선을 탔다가 배가 뒤집어지면서 세상을 떠나고 만 세 살짜리 아이예요. 해안가로 떠밀려 온 쿠르디의 시신을 안고 슬퍼하는 그의 아버지 모습이 뉴스로 보도되면서 많은 이들이 시리아 난민의 상황에 관심을 갖게 되었어요. 쿠르디의 비극은 시리아 난민이 겪고 있는 비극의 상징이 되었지요. 하지만 여전히 시리아를 빠져나가는 난민선의 전복 사고는 그치지 않고 있어 안타까움을 더한답니다.

쿠르디를 기억하기 위한 기념비

디 덕분에 독일은 시리아 난민에게 국경을 열었고, 환영 플래카드가 내걸렸지요.

그렇지만 상황은 급변했어요. 새해 전날 독일의 쾰른이란

세계 최대 시리아 난민 캠프인 요르단의 자타리 난민 캠프

도시에서 수백 명의 남성들이 독일 여성들을 집단으로 성추행한 거예요. 용의자들은 북아프리카와 아랍 출신인데, 그중 난민들도 섞여 있는 것으로 알려졌어요. 이 사건은 시리아 난민들 중 아주 일부가 저지른 범죄이긴 하지만, 난민에 대한 동정심을 순식간에 얼려 버리기에 충분했지요. 이 사건 이후 유럽 각국은 받아들이던 난민의 수를 제한하게 되었어요. 인도적인 책임도 중요하지만 국가는 자기 나라 사람을 보호하는 것을 우선으로 해야 한다는 목소리가 높아졌기 때문이에요.

멀게는 우리나라까지 오는 난민들도 있어요. 2019년 우리나라로 난민 신청을 한 사람은 15452명이었고 이중 0.4%인 42명이 난민 지위를 인정 받았어요. 특히 2018년에는 예멘 출신 난민들이 제주도로 대거 입국해 난민 지위를 요청한 사건이 발생해서 이슬람이나 중동 국가들을 생소하게 여기는 우리나라의 정서상 찬반 논란이 일어나기도 했어요.

시리아 내전의 역사

1970년	2000년	2010년
하페즈 알-아사드, 쿠데타로 대통령직 차지	하페즈의 아들 바샤르 대통령직 계승	
	2001년 하페즈 사망	아랍의 봄, 중동의 민주화 시위 확산

아랍의 봄, 중동의 민주화 시위

시리아 내에서도 민주화 시위 발생.
군의 강경 진압으로 시민 반발 확대.
시리아 난민 발생

터키, 시리아 내전으로 인한
피해에 보복 공격

이슬람국가(IS) 건국 선포

2011년　　2012년　　2013년　　2014년　　2015년

이스라엘, 시리아
내전으로 인한 피해에
시리아 군사시설 폭격

프랑스 파리 테러 등 IS에 의해
세계 각국에서 테러 발발
시리아 난민들의 시리아 탈출
극대화

국제 사회, 시리아의 내전 상황
인정. 유엔의 중재에도 불구하고
휴전 불발

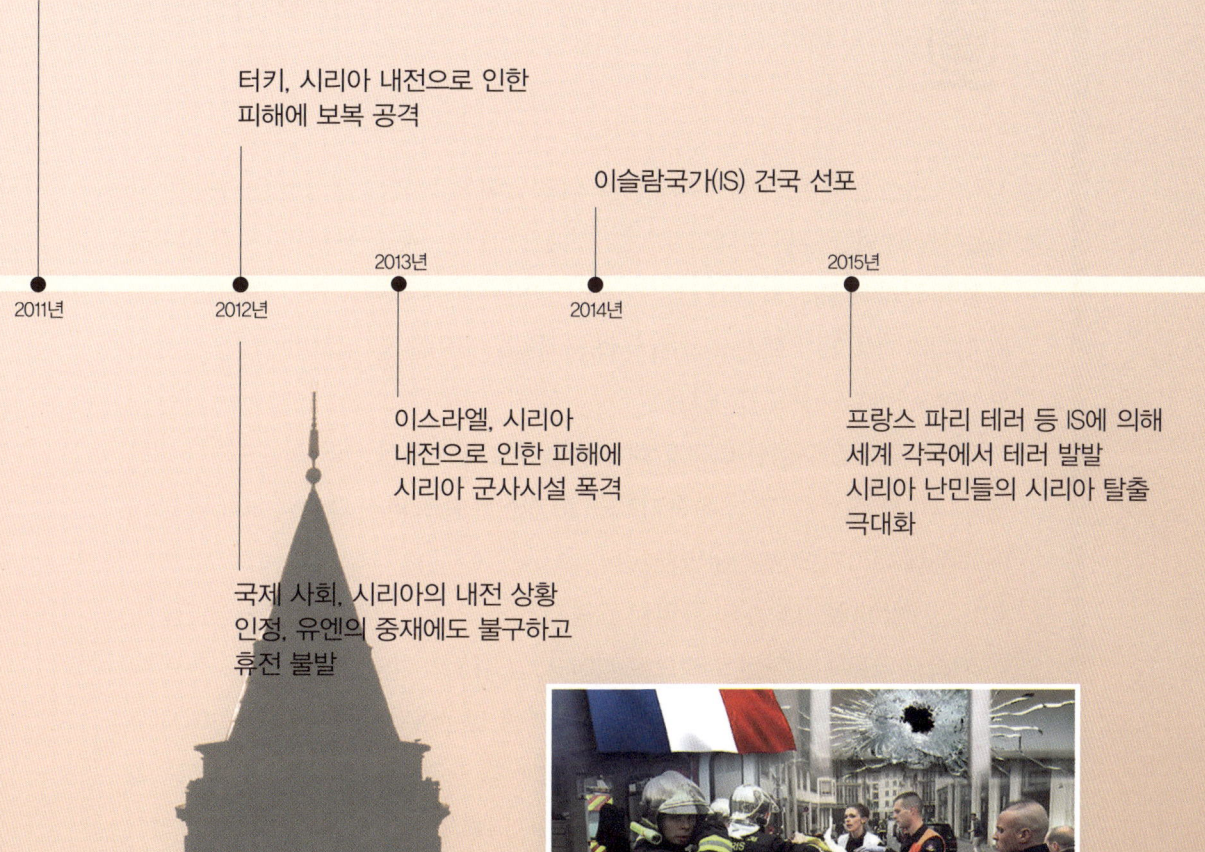

프랑스 파리 테러 현장

 우리나라도 난민을 받아들여야 할까?

시리아 난민 문제로 전 세계가 갈등을 겪고 있어요. 난민을 가장 많이 수용한 나라는 시리아와 국경을 맞대고 있는 터키예요. 터키는 종교적으로도 시리아와 공통점이 있기 때문에 시리아 난민을 받아들이는 데 큰 역할을 하고 있지요. 터키뿐 아니라 독일이나 프랑스 같은 유럽 국가들도 난민을 받아들이는 데 앞장섰어요. 2015년까지만 해도 말이지요.

그러나 난민으로 위장한 테러 단체가 유럽 주요 도시에서 테러를 일으키자 여론은 크게 나빠졌어요. 앞서 이야기했던 2015년 프랑스 파리 테러나 2016년 벨기에 브뤼셀 테러가 그런 경우였지요.

2016년 7월 14일 프랑스의 유명한 관광지 니스에서는 테러범들이 국경일을 맞아 거리로 나온 사람들을 트럭으로 치어 80명 이상의 사망자와 100명 이상의 부상자를 냈어요. 이 끔찍한 사건은 폭탄이나 총 같은 무기가 아니라 일상에서 흔히 접하는 운송 수단인 '트럭'에 의해 발생해 더 충격을 주었지요. 테러범 중 일부는 극단적인 이슬람주의자로 알려졌어요. 이렇게 IS와 직접적인 연관이 없더라도 급진적인 이슬람교에 빠진 사람이 테러를 주도하면서, 다른 인종과 종교를 배척하는 분위기까지 낳고 있어요. 상황이 이렇게 되자 난민을 받아들여서는 안 된다는 주장이 점차 큰 목소리를 내고 있답니다.

한편 우리나라에도 난민 신청을 한 시리아인들이 있어요. 시리아와 우리나라 사이의 거리가 꽤 멀기 때문에 가까운 거리에 있는 다른 나라처럼 많지는 않지만

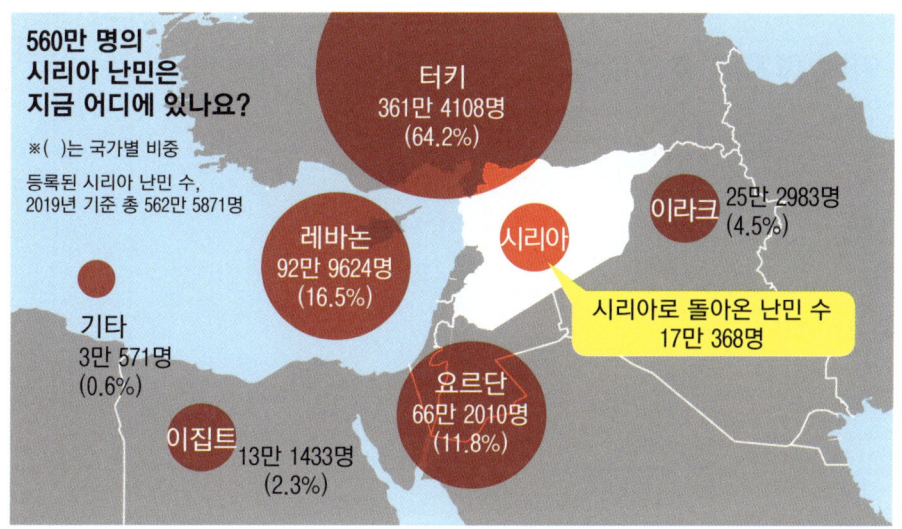

시리아 주변 국가들에 있는 시리아 난민의 수(자료: 유엔난민기구)

요. 2020년 기준 1200명 정도가 인도적 체류 허가를 받아 국내에 거주 중이며 이들의 난민 지위를 놓고 찬반 논쟁이 뜨겁게 이루어지고 있답니다. 어떤 사람들은 우리나라가 어려웠을 때 다른 나라가 도움을 주었던 것처럼 우리나라도 도와주어야 한다고 말해요. 또 어떤 사람들은 테러 위협이 있을 수 있으므로 함부로 받아들여서는 안 된다고 주장하지요.

여러분의 생각은 어떤가요? 생각을 정리해서 부모님, 친구와 함께 이야기 나누어 보세요.

 어린 쿠르디의 죽음은 전 세계를 슬픔에 빠뜨렸어요. 세계 각국에서 쿠르디의 죽음을 슬퍼하는 메시지들이 쏟아졌지요. 여러분은 쿠르디에게 어떤 이야기를 해 주고 싶은가요? 아래 편지에 쿠르디에게 하고 싶은 말을 적어 봐요.

쿠르디에게

5장
우리 아빠는 해적입니다

소말리아

이 나라에 이런 일이!

"우아, 아빠다!"

한 달 만에 아빠가 집에 돌아왔어요. 아빠가 돌아오는 날은 세룸이 유일하게 배불리 먹을 수 있는 날이에요. 해적질로 사온 식량이지만, 어린 세룸에게는 배고픔을 잊을 수 있다는 게 마냥 좋을 뿐이에요. 세룸이 신이 나서 아빠 품에 안겼어요.

"알리 형은 어디 갔니?"

한 손에 세룸을 안고 아빠는 고개를 두리번거렸어요.

"형은…… 보름 전에 브랄라트가 데려갔어요! 으앙!"

세룸이 눈물을 터뜨렸어요.

"뭐라고! 열두 살밖에 안 된 어린 것을 군대로 끌고 가다니…… 사람이라도 죽이라는 게냐!"

아빠는 망연자실한 표정으로 털썩, 주저앉고 말았어요.

저는 소말리아에서 온 이스마 일리입니다. 소말리아는 아프리카 대륙에 있는 나라예요. 각 나라마다 저마다의 이미지가 있다면 우리나라의 이미지는 슬프게도 '기아'와 '영양실조'로 그려지는 것 같아요. 독립 이후 계속된 내전에다 사상 최악의 가뭄이 몇 년간 계속되면서 소말리아는 사람들이 살아가기에 너무 힘든 땅이 되어 버렸어요. 특히 어린이들이 살기에는 너무나 열악한 환경이에요. 다행히 살아남는다고 해도 제대로 된 일자리조차 구할 수 없어 가난한 것은 여전하지요.

전쟁으로 일할 곳도 없고, 가뭄으로 농사를 지을 수도 없자 삼촌과 아빠는 바다로 나가 해적이 되었어요. 제 동생의 장래희망도 해적이 되는 거예요. 하지만 저는 해적질은 부끄러운 일이라고 생각해요. 다른 나라 사람들의 비난을 받아도 할 말이 없지요. 그렇지만 아빠와 삼촌이 해적이 되지 않았다면 우리 가족은 이미 모두 굶어 죽고 말았을 거예요.

땅 위에서는 도저히 먹고살 수 없어 바다로 나가 도둑질을 하게 된 소말리아 이야기, 장래희망이 해적일 수밖에 없는 우리나라 어린이들의 이야기에 귀 기울여 주시겠어요?

식민지에서 기아와 빈곤의 나라가 되기까지

　세계 지도를 찬찬히 들여다보면 아프리카 대륙의 국경선이 다른 대륙과 다르다는 것을 알게 돼요. 다른 대륙의 국경선은 구불구불한 곡선이고 나라의 모양도 제각각인 데 반해 아프리카 대륙의 나라들은 대체로 국경선이 직선이고, 나라 모양도 다각형으로 딱 떨어지는 곳이 많지요. 곡선으로 이루어진 국경선은 오랜 역사 속에서 자연스럽게 형성된 것인 반면 직선인 국경선은 인위적인 조작이 가해졌음을 의미해요.

　1885년 벨기에의 레오폴 2세가 아프리카 중앙에 콩고 자유국이라는 식민지를 만들면서 유럽 열강들의 아프리카 쟁탈전이 벌어졌어요. 유럽 각국이 앞다퉈 아프리카를 차지하려고 나섰지요. 아프리카 원주민이 엄연히 존재하는데도, 유럽인은 그들의 존재를 무시했어요. 먼저 찜하는 사람이 임자인 마냥 쟁탈전에 여념이 없었지요. 그러던 와중에 '베를린 의정서'가 만들어졌어요. 쉽게 이야기하자면 유럽 나라들끼리 아프리카 땅을 싸우지 않고 분배하자고 약속한 거예요. 베를린 의정서에 따른 국경선은 유럽 각국의 이익에 따라 나뉜 것이기 때문에 아프리카 원주민의 민족성, 풍습, 정치 체제, 종교 등은 전혀 고려되지 않았어요. 오늘날 벌어지는 아프리카 여러 나라의 내전과 분쟁은 이 당시 정해진 국경선 때문에 발생하는 경우가 대부분이에요.

소말리아도 오랜 기간 유럽 국가의 식민지였어요. 영국과 이탈리아가 소말리아를 나누어 지배했었지요. 그러다 1960년, 영국의 지배를 받던

지역과 이탈리아의 지배를 받던 지역이 각각 독립하여 소말리아공화국을 세웠어요. 하지만 아프리카 대부분의 지역이 그러했듯이, 부족 단위로 모여 살다가 곧바로 서구 열강의 식민지 지배를 받은 소말리아는 제대로 된 나라를 세울 역량이 부족했어요.

그 와중에 1969년 군인이던 바레는 군사 쿠데타를 일으켜 정권을 차지했지요. 바레 정권은 22년 동안 자기 부족에게 유리한 정책을 추진하며 다른 부족을 차별했어요. 더 이상 참을 수 없었던 나머지 부족들은 1991년, 힘을 합쳐 바레 정권을 내쫓았지요.

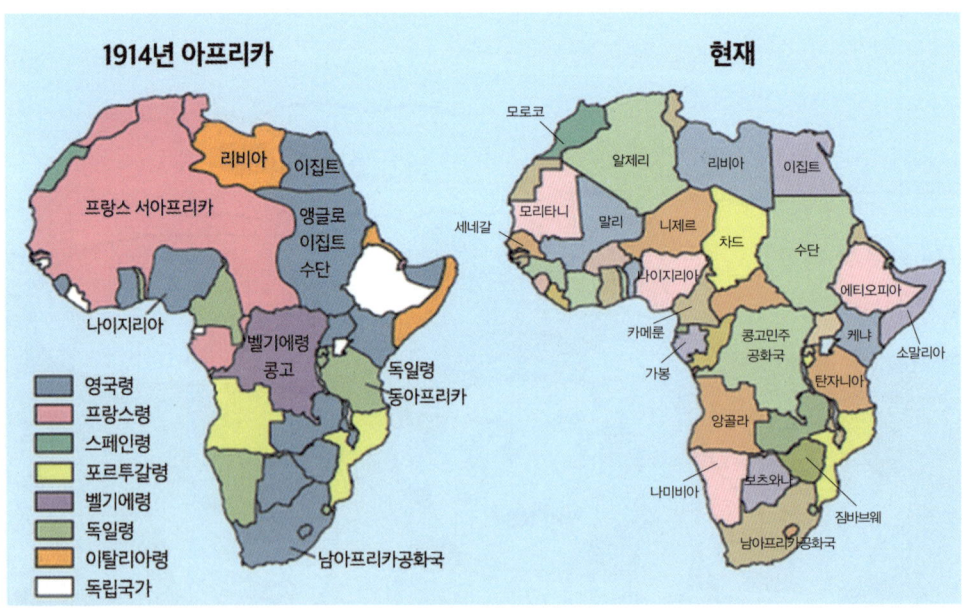

유럽 열강의 식민 지배 당시의 아프리카 지도(왼쪽)와 오늘날의 아프리카 지도(오른쪽)예요. 인위적인 국경선은 수많은 부족 간의 분쟁을 야기했어요.

그런데 본격적인 문제는 그때부터 벌어졌어요. 독재 정권을 몰아냈으면 힘을 합쳐 정치를 바로잡고 국력을 길러서 국민들이 잘살게 해야 하는데 그러지 못했던 거예요. 바레 정권을 내모는 데 힘을 모았던 여러 부족의 대표들은 이제 누가 권력을 차지할 것인가를 두고 서로 싸우기 시작했어요. 소말리아 국민들은 아이디드 파, 마디 파, 아토 파 등으로 갈라져 싸움의 소용돌이에 말려들었어요.

'하늘도 무심하시지'라는 말은 이럴 때 쓰는 걸까요? 내전만으로도 힘겨운 소말리아에 사상 최악의 기근이 닥쳤어요. 가뭄이 너무 심해 수확할 수 있는 것이 아무것도 없었지요. 전체 인구의 삼분의 일 이상이 기아 상태에 놓였어요. 수백만 명이 굶어 죽기 직전이라는 소식이 국제 사회에 전해지면서 소말리아의 상황은 크게 주목받았어요. 텔레비전에서 연일 소말리아 기근의 심각성을 보도했고 우리나라에서도 소말리아 기아 아동을 돕기 위한 모금 운동이 진행되었어요. 유엔은 소말리아를 돕기 위해 4500명의 요원을 파견하여 소말리아 국민들을 집단 아사 위기에서 구해 냈어요. 그리고 내전을 끝내기 위해 소말리아의 군벌●들과 소말리아 평화회의를 열었지요.

군벌이란? 군사력을 배경으로 정치적 특권을 장악한 군인 집단을 일컫는 말이에요.

소말리아를 괴롭히는 내전, 또 내전

유엔의 주최로 소말리아 평화회의가 열렸지만, 끝내 내전을 멈추는 데 합의하지는 못했어요. 일부 군벌이 유엔의 중재를 거부했거든요. 군벌이란 군부를 중심으로 한 정치 세력을 말한다고 했죠? 앞에서 이야기했던 소말리아의 3대 세력인 아이디드 파, 마디 파, 아토 파가 바로 자신들이 키운 군대의 군사력을 이용해 정치력을 확보한 군벌 세력들이지요.

심지어 군벌들은 국제기구에서 소말리아 사람들을 돕기 위해 마련한 식량을 빼앗는 데 몰두했어요. 당시 소말리아에서 식량을 차지한다는 것은 곧 권력을 갖는 것을 의미했기 때문이에요. 군벌들 간의 식량 쟁탈전으로 인해 굶주린 소말리아 사람들에게 전달해야 할 식량은 제때 전달되지 못하거나 때로는 군벌의 차지가 되었어요. 이에 유엔은 2차로 3만 명이 넘는 대규모 평화유지군을 파견하여 소말리아의 상황을 개선시키려 하였지요.

소말리아 반군

하지만 소말리아 군벌은 지속적으로 식량을 약탈하면서 평화유지군을 공격했어요. 아이디드 파의 군대가 유엔에서 파견한 파키스탄 군인 스물네

명을 살해하면서 상황은 심각해져 갔지요. 이에 유엔은 소말리아 군벌의 공격에 대해 모든 수단을 사용할 것을 허용하고 아이디드를 체포하기로 결정했어요. 이 임무를 수행하기 위해 미군이 투입되었지요. 그러나 상황은 유엔의 생각대로 흘러가지 않았답니다. 소말리아의 수도인 모가디슈에서 벌어진 전투로 미군 헬기가 격추되고 사상자가 발생했어요. 게다가 사망한 미군의 시신을 소말리아 민병대가 훼손하는 장면이 TV를 통해 전해지자 미국인들은 큰 충격을 받았어요. 이 사건으로 미국은 1995년 소말리아에서 철수했고 소말리아 정국은 안갯속으로 빠져들었어요. 유엔 역시 단계적 철수를 결정하고 소말리아 사태에 개입하는 것을 중지했어요.

유엔이 손을 뗀 소말리아에서는 1995년, 아이디드가 자기 멋대로 소말리아 대통령의 자리에 올랐어요. 그러나 1996년 전쟁 중에 폭격으로 사

망하고, 그의 아들이 후계자로 자리를 이어받았지요. 그 후 내전을 멈추기 위한 회의가 계속되었지만 각자 자신들만의 이익을 내세우는 데 급급해서 합의는 잘 이루어지지 않았어요.

그러다 2000년에 하산 임시 대통령이 선출되고 2003년에는 연방의회 창설 방안이 나오며 정전(합의에 따라 일시적으로 전투를 중단하는 것)이 논의되었지만 합의 내용에 불만을 가진 소수파들이 계속해서 도발을 시도했어요. 결국 2006년 5월에 다시 임시 연방 정부와 이슬람법정연대(ICU) 사이에 내전이 발발했고 2012년에 새 대통령을 선출하였음에도 불구하고 내전은 아직까지도 이어지고 있어요.

게다가 이슬람 원리주의 조직의 테러 활동이 주변국을 위협하면서 소말리아의 상황은 내전에다 주변국과의 분쟁까지 겹친 시한폭탄 같지요. 앞에서 언급한 ICU는 이슬람 원리주의 조직으로 내전 기간 동안 국민 대부분이 이슬람교도인 소말리아에서 강력한 정치세력으로 성장했어요. 알-샤바브는 2006년 ICU에서 분리해 나온 테러 조직이에요. 이들은 무자비하게 민간인들을 살해하고, 테러를 자행하는 조직으로 성장했어요. 특히 에티오피아와 케냐가 2006년과 2011년에 아프리카 평화유지군으로서 소말리아 내전에 개입하자, 이에 대한 보복으로 케냐와 에티오피아에서 테러를 저질렀어요. 2013년에는 케냐의 나이로비 쇼핑몰에 테러를 자행해 67명의 목숨을 앗아 갔지요. 그중에는 한국인 여성 한 명도 있었어요. 또 2015년에는 케냐의 가리사 대학에 침입해 학생 148명을 살해하기도 했어요.

알-샤바브는 소말리아 남부를 차지하고 있어요. 이들은 서방 세계의 원조나 지원, 국제기구의 인도적인 활동도 모두 거부해요. 2010년 사상 최악의 기근이 다시 한 번 소말리아를 덮쳐 1년 6개월 만에 무려 26만 명이 굶주림으로 사망하자, 유엔은 기아 문제를 해결하기 위해 구호 활동을 시작하려 했어요. 그러나 알-샤바브의 거부와 위협으로 구호물자를 전달할 수 없었지요. 심지어 모가디슈의 유엔 사무실까지 테러하고 이 때문에 유엔 직원들이 사망하는 사건까지 발생하자, 유엔은 소말리아에서 철수하고 말았어요. 이로 인해 소말리아인들은 기근에 속수무책인 상황이지요.

게다가 케냐에서 벌인 테러 활동으로 소말리아에 대한 케냐인들의 인식이 싸늘하게 변했어요. 문제는 소말리아인 50만 명 이상이 거주하는 난민촌이 케냐에 위치하고 있다는 점이에요. 케냐 정부는 테러범들이 신원을 알 수 없는 난민들에 섞여 케냐로 들어오고 있다며 더 이상 소말리아 난민을 받아들일 수

소말리아 난민을 수용한 케냐의 다답 난민 캠프

없다고 밝혔어요.

소말리아 내전은 1991년 이래로 해결될 기미를 보이기는커녕 주변국과의 갈등에다 종교적 대립까지 더해지면서 점점 더 최악의 상황으로 치닫고 있어요. 현 소말리아 정부는 전체 상황을 장악할 만한 정치 세력도, 군사력도 갖지 못해서 제 역할을 하지 못하고 있지요.

앉아서 굶어 죽느니 해적이 되리라

소말리아는 영국과 이탈리아로부터 독립하여 국가를 수립한 이래 단 한 순간도 정치적 안정을 이루지 못했어요. 정치적으로 불안정하면 결국 경제적으로도 빈곤해지지요. 국민들이 생업에 집중하고, 기업은 정당한 방법으로 돈을 벌어 일자리를 제공하며 산업을 발전시킬 때, 나라의 경제가 잘 돌아가요. 그런데 소말리아처럼 끝이 보이지 않는 내전이 벌어지면 정당한 방법으로 기업을 세우고 운영하기가 어려워요. 언제 전쟁이 벌어져 기껏 지어 놓은 공장과 건물이 무너지거나, 군벌에 빼앗길지 알 수 없으니 투자를 하지도 않지요. 자연히 경제는 발전하지 못하고 일자리도 부족해져요. 경제가 악화되면 세금을 걷기도 어려워 나라 역시 가난해지지요. 가난한 나라는 국민을 위한 복지를 펼치거나, 사회 기반 시설•을 짓고 유지하는 데도 큰 어려움을 겪어요. 소말리아는 이미 20년

넘게 이런 상태가 계속되고 있어요.

나라가 어지럽고 힘이 없으면 국가의 이익과 국민의 생명을 제대로 지켜줄 수 없어요. 혼란스러운 정치 상황으로 소말리아 정부는 주변 나라들이 소말리아의 이익을 빼앗는 상황에서도 제대로 대응할 수 없었어요. 다음이 대표적인 예지요.

국가가 소란스럽고 기근이 이어지자 소말리아 국민들은 바다로 가서 어업에 종사하기 시작했어요. 그나마 소말리아는 아프리카 대륙 동북부의 모서리에 뿔처럼 생긴 데에 위치해 바다랑 접한 곳이 많고 해안선도 길었거든요. 소말리아 주변의 바닷가는 해양 자원이 풍부하고 어장이 잘 형성되어 물고기를 비롯한 해산물이 잘 잡히는 곳이에요.

문제는 소말리아의 해양 자원을 인접 국가의 어선들이 탐내기 시작했다는 거예요. 인접 국가의 어선들은 소말리아의 영해에 침범하여 해양 자원을 싹쓸이해 갔어요. 영해 역시 영토와 마찬가지로 허가 없이 침입하거나 물자를 함부로 가져가서는 안 된답니다.

나라에 힘이 있고 국민의 이익을 잘 지켜줄 수 있었다면, 주변 국가의 어선은 소말리아의 해양 자원이 아무리 탐이 나도 쉽게 접근할 수 없었

사회 기반 시설이란? 병원, 학교, 도로, 발전소 등 사회 구조를 안정적으로 유지하는 데 꼭 필요한 것들을 말해요.

을 거예요. 하지만 소말리아의 상황이 이렇다 보니, 소말리아 정부는 국민의 이익을 지켜줄 수 없었어요. 내전으로 먹고살 수 없어 바다로 나왔는데, 그마저도 다른 나라에 빼앗기는 상황이 되고 말았지요. 소말리아 사람들은 더욱 절망했어요. 이런 상황이 지속되자, 이들 중 일부가 차츰 해적으로 돌변하기 시작했어요.

바다 위에는 물자를 운송하는 상선, 기름을 옮기는 유조선, 곡물을 운반하는 곡물선, 원양어업에 나선 원양어선 등 다양한 종류의 배가 있어요. 먼 거리를 이동하는 무거운 물건은 선박을 주로 이용하기 때문에 지구상의 바다

위에는 거의 모든 나라의 선박이 다닌다고 할 수 있지요.

  소말리아 해적은 이러한 선박들을 노리기 시작했어요. 총을 들고 빠른 속도로 선박에 접근해 배와 사람들을 인질로 잡고 그들의 가족이나 회사를 협박해 몸값을 받아내는 것이 주요 수법이에요. 소말리아 인근에서 비슷한 사건이 연달아 발생하면서 전 세계는 소말리아에 다시 한 번 주목하게 되었어요. 소말리아 인근 바다를 운항하는 선박을 보호하기 위해 23개국이 군함을 파견했지요. 우리나라도 최영함, 강감찬호와 청해부대를 파견해서 소말리아 인근의 아덴만을 오가는 상선을 보호하고 있어요. 2011년에는 피랍

된 삼호주얼리호를 구해 내는 '아덴만 여명' 작전을 성공시켜 전 세계의 주목을 받았지요.

이러한 세계 각국의 선박 보호 노력에도 불구하고 소말리아의 해적질

삼호주얼리호 피랍과 아덴만 여명 작전

아덴만 여명 작전에 참여한 최영함

2011년 1월 15일, 인도양을 지나던 우리나라 선박 '삼호주얼리호'가 소말리아 해적에 의해 피랍되었다는 소식이 전해졌어요. 당시 우리나라 선원 21명이 타고 있었지요. 정부는 배가 소말리아로 가 버리기 전에 빨리 구출해야 한다고 판단했어요. 이 작전을 위해 청해부대가 은밀히 파견되었지요. 작전명은 '아덴만 여명'이었어요. 헬기를 타고 배에 침투한 청해부대 대원은 해적을 제압하고 선원을 무사히 구출해 냈어요. 이 과정에서 삼호주얼리호의 석해균 선장은 총을 여섯 발이나 맞았지요. 선장의 희생으로 다른 사람들은 무사했어요. 생명이 위독한 상태에서 한국으로 옮겨진 선장은 다행히 수술을 받고 건강을 회복할 수 있었답니다.

소말리아 해적을 단속하기 위해 구성된 연합 해군 함대

은 쉽사리 줄어들지 않고 있어요. 근본적인 해결이 이루어지지 못했기 때문이에요. 소말리아 사람들이 해적질에 나선 것은 경제적인 어려움 때문이 가장 커요. 이를 해결하지 못하면, 바다를 오갈 때마다 해적의 습격을 두려워할 수밖에 없어요.

해적질이 큰돈을 벌 수 있는 수단이 되면서 하나의 지하산업으로 자리 잡은 것도 큰 문제예요. 정보를 모으는 사람, 장비를 다루는 사람, 인질을 관리하는 사람, 협상 과정을 통솔하는 사람까지 다양한 사람들이 연관되어 하나의 큰 산업을 이루었거든요. 심지어 군벌들이 뒤를 봐 주고 있다고 해요. 협상 결과 주어진 막대한 합의금이 군벌들의 정치 자금으로 흘러 들어가고 있지요. 이렇게 군벌 수중에 들어간 돈은 내전의 군자금으로 쓰이기 때문에 악순환은 계속되고 있어요.

정치적 안정과 경제 발전이 선행되지 않는다면 소말리아의 비극은 계속될 거예요. 하지만 국제기구의 도움조차 쉽지 않은 상황에서 기아로 목숨을 잃는 이들에 대한 안타까움만 더해 가고 있지요.

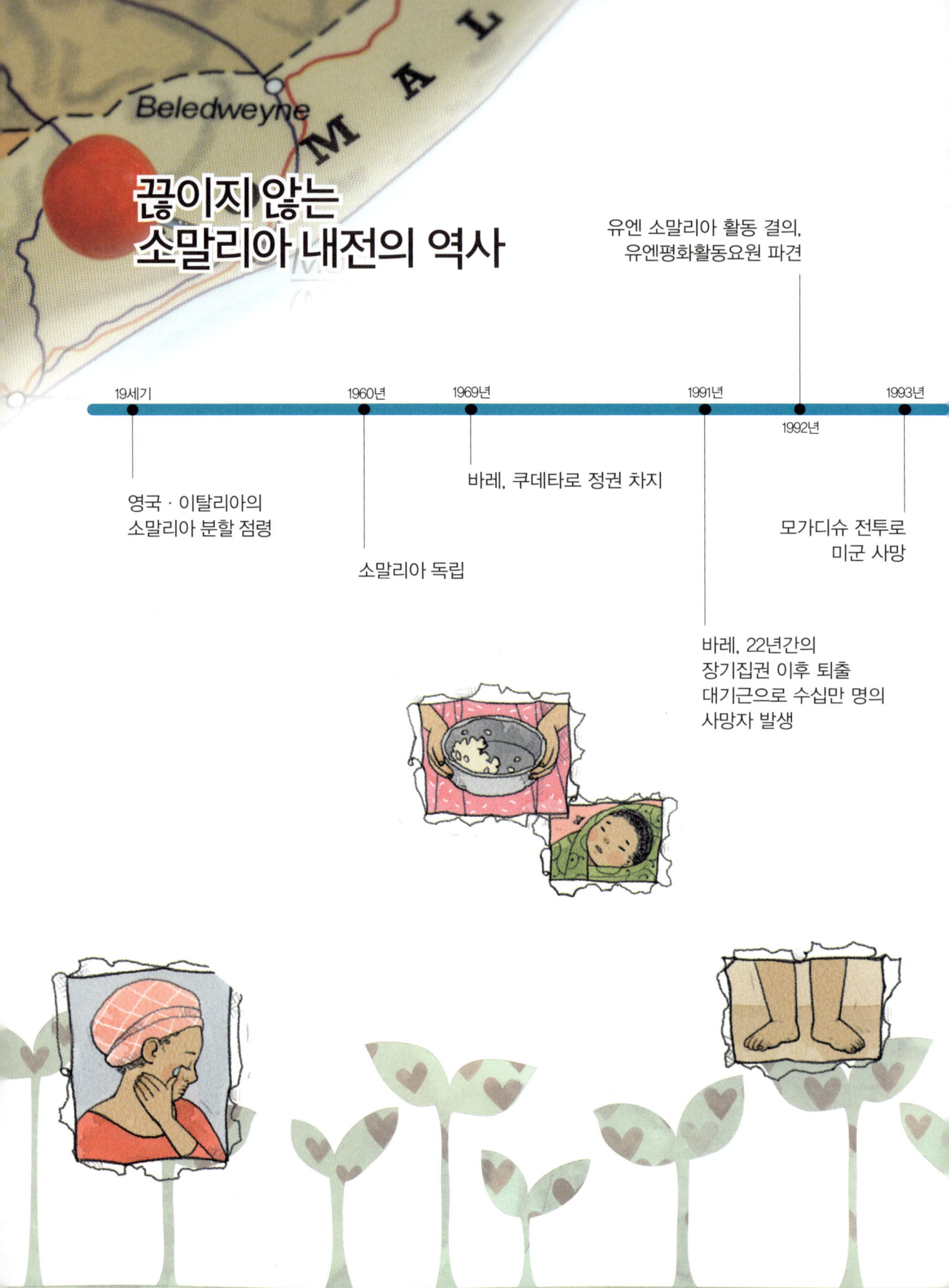

- 미군, 소말리아에서 철수
  아이디드 대통령직 차지
- 내전 정전 합의
- 소말리아,
  대기근으로 수십만 명 아사 위기
  알-샤바브, 국제기구 지원 거부
- 알-샤바브,
  케냐 나이로비의 쇼핑몰 테러
- 대통령궁 인근
  자살 테러

1995년 · 1996년 · 1998년 · 2006년 · 2010년 · 2011년 · 2013년 · 2015년 · 2017년

- 아이디드, 폭격으로 사망
  아이디드 아들, 대통령직 계승
- 알-샤바브,
  테러 조직으로 성장
- 소말리아 해적,
  삼호주얼리호 사로잡음
- 알-샤바브,
  케냐 가리사 대학 테러

얼굴을 두건으로 가린 소말리아 해적

🎙 소말리아, 지원이 먼저? 해적 퇴치가 먼저?

소말리아 해적은 바다를 오가는 세계 모든 나라의 선박을 위협하는 존재예요. 우리나라도 여러 차례 소말리아 해적에게 피해를 입은 바 있지요. 2006년 소말리아 해적에 사로잡힌 우리나라 동원호의 선원들은 무려 117일간이나 잡혀 있었어요. 세계 각국에서는 소말리아 해적을 퇴치하기 위해 적극적으로 나서고 있어요. 아덴만 여명 작전도 적극적인 구호 조치의 하나로 시행된 것이지요.

그렇지만 해적을 잡아들이는 것만으로는 소말리아 해적을 완전히 사라지게 할 수 없었어요. 해적을 퇴치하기 위해서는 근본적인 조치가 필요하다는 목소리가 높아졌지요. 소말리아 사람들이 해적으로 나서게 된 가장 큰 이유는 다른 방법으로는 생계를 꾸릴 수 없기 때문이므로, 소말리아의 정치적 상황을 안정시키고 경제를 회복시켜서 국민들이 정상적인 삶을 살 수 있도록 도와주어야 한다는 것이지요.

하지만 꼬일 대로 꼬인 소말리아의 분열과 대립에 국제 사회는 개입할 엄두를 내지 못하고 있어요. 배를 약탈하고 선원을 감금하거나 죽이기까지 하는 해적들을 엄하게 처벌해야 한다는 주장도 거세지요. 해적에 제대로 대처하지 않는다면 선량한 선원들이 더 큰 피해를 입을 수 있다고 우려하는 거예요. 여러분은 어떻게 생각하나요? 근본적인 문제를 해결하려면 소말리아 지원이 먼저일까요? 아니면 해적 퇴치가 먼저일까요?

한편 우리나라에서 징역형을 선고받고 감옥에 갇힌 소말리아 해적들 중 일부는

해적의 상징인 해적기

2006년 3월 18일, 무장한 것으로 의심되는 해적의 모습

벌을 받고 나오면 우리나라로 귀화해서 살고 싶다는 바람을 드러내기도 했어요. 소말리아로 돌아가도 희망이 없다는 것이지요. 이들을 받아들여야 할까요? 여러분의 생각은 어떤가요? 각각의 근거를 생각해 보고, 부모님, 친구들과 토론해 보세요.

 **다음 빈칸에 알맞은 말을 넣어 소말리아에 대해 더 알아봐요.**

① 소말리아는 ○○○○ 대륙의 동북부 모서리에 ○ 처럼 생긴 모양을 하고 있어요.

② 소말리아는 ○○○○와 ○○의 식민 지배를 받다 1960년에 독립했어요.

③ 독재자 바레를 쫓아낸 소말리아는 ○○파, ○○파, ○○○○파로 갈라졌어요.

④ 기근과 내전으로 소말리아 사람들 중에서 ○○ 질을 하는 사람이 많아졌어요.

⑤ 대한민국의 청해부대는 '○○○ 여명' 작전으로 해적에 피랍된 삼호주얼리호를 구해 냈어요.

정답 ① 아프리카, 알파벳 ② 이탈리아, 영국 ③ 마디, 아로, 아이디드 ④ 해적 ⑤ 아덴만

국제 분쟁 관련 사이트

● 유엔한국협회 www.unarok.org
1947년 '국제연합대한협회'로 시작해서, 1994년 그 명칭을 '유엔한국협회'로 변경한 단체예요. 유엔의 이념을 널리 알리고 국제평화를 유지하며 세계 문제 해결에 기여하기 위해 노력하고 있어요.

● 유니세프 한국위원회 www.unicef.or.kr
국적과 인종, 이념, 종교, 성별 등과 상관없이 도움을 필요로 하는 어린이가 있는 곳이면 어디든지 달려가 도움의 손길을 전하는 단체예요. 제2차 세계대전의 패전국들과 중동, 중국, 한국 어린이들도 유니세프의 도움을 받았어요.

● 상설중재재판소 www.pca-cpa.org
국가 간 분쟁 해결을 위해 1899년 설립된 재판소로 네덜란드 헤이그에 위치하고 있어요. 특정한 분쟁을 해결하기 위해 설립된 곳으로 분쟁을 겪고 있는 두 나라가 동의하면 이곳에서 재판을 열어요.

● 유엔국제사법재판소 www.icj-cij.org
유엔(국제연합, UN)과 함께 만들어진 유엔의 재판소로 1945년에 만들어졌으며 네덜란드 헤이그에 위치하고 있어요. 재판소는 유엔 총회 및 안전보장이사회에서 선출된 15명의 재판관으로 구성되며, 국제법을 적용해요. 이곳에서 내린 판결을 이행하지 않을 경우에는 유엔 안전보장이사회의 조치에 따라 제재를 받을 수 있어요.

● 희토류
'자연계에 매우 드물게 존재하는 금속 원소'라는 의미예요. 현대 사회에서 희토류는 전기 및 하이브리드 자동차, 풍력 발전, 태양열 발전 등에 필수적인 영구자석 제작에 꼭 필요한 물질이에요.

● 냉전
일반적으로 미국을 주축으로 한 자유주의 국가와 소련을 중심으로 한 사회주의 국가가 대립하던 제2차 세계대전 이후부터 1990년대까지의 상황을 말해요. 냉전은 전투 대신 스파이를 동원한 정보, 최첨단 무기 개발, 봉쇄 조치, 경제적인 외교를 통한 압박 등의 방법으로 이루어져요.

● 국가부채 위기
국가는 행정에 필요한 자금을 조달하기 위해 세금을 걷기도 하지만, 다른 나라에 빚을 지기도 해요. 이를 국가부채라고 해요. 그런데 이를 제대로 갚지 못하거나, 심지어 경제위기가 닥쳐 갚을 능력이 없어지는 경우도 있어요. 이럴 경우 국가부채 위기가 닥쳤다고 표현해요.

● 테러
폭력적인 수단으로 적이나 상대방을 위협하는 것을 말해요. 살인, 납치, 유괴, 저격, 약탈 등이 모두 테러의 일종이에요.

● UN 평화유지군

국제 분쟁을 평화적으로 해결하고 평화를 정착시키기 위해 활동하는 유엔의 군사 활동을 말해요. 유엔에 속한 각 나라에서 파견한 군대로 구성되는데, 유엔 안전보장이사회의 결정에 따라 분쟁 지역에 파견되지요.

● 관세

관세라는 것은 한 나라에서 물건을 수입하거나 수출할 때 부과하는 세금이에요. 관세를 많이 부과하게 되면 물건 값이 올라가지요. 따라서 자기 나라의 상품을 보호하고 싶을 경우 관세를 아주 높게 부과하곤 한답니다. 이를 보호무역이라고 해요. 반면 관세를 없애고 자유롭게 상품을 거래하는 것을 자유무역이라고 해요.

● 난민

1951년 '난민의 지위에 관한 국제 협약'은 난민을 '인종, 종교, 국적 또는 특정 사회집단의 구성원 신분 또는 정치적 견해 등을 이유로 박해를 받을 우려가 있는 충분한 근거 있는 공포로 인하여 자신의 국적국 밖에 있는 자로서, 국적국의 보호를 받을 수 없거나 또는 그러한 공포로 인하여 국적국의 보호를 받는 것을 원하지 아니하는 자'라고 규정하고 있어요. 간단히 말해 인종, 종교 또는 정치적, 사상적 차이로 인한 심한 차별이나 위협을 당해 그 지역을 떠나 외국 등으로 이주한 사람을 말하는 거예요.

● 청일전쟁

1894년 6월부터 1895년 4월 사이에 벌어진 전쟁으로, 청나라와 일본이 조선의 지배권을 놓고 다툰 전쟁이에요. 두 나라의 전쟁이지만 조선에서 벌어졌지요. 메이지 유신 이후 근대화에 성공하고 식민지 확보에 나선 일본과 전통적으로 조선에 많은 영향력을 행사한 청나라가 동아시아 패권을 놓고 겨루기에 나선 거예요. 당시 많은 사람들이 청나라의 승리를 예상했지만, 결과는 정반대였어요. 일본을 비롯해 청나라에 눈독을 들이던 제국주의 국가들은 청나라가 허무하게 지는 것을 보고 청나라 침략을 본격화했어요. 동시에 일본의 조선 침략도 시작되었지요.

● 제1차 세계대전

1914년부터 4년 동안 지속된 전쟁이에요. 세르비아 청년이 오스트리아의 황태자 부부를 총으로 쏘아 죽이자, 오스트리아가 세르비아에 선전포고함으로써 시작된 이 전쟁은 영국·프랑스·러시아 등의 협상국(연합국)과, 독일·오스트리아의 동맹국으로 갈라져 싸웠지요. 유럽을 중심으로 벌어진 이 전쟁은 식민지 쟁탈전의 성격을 띠고 있었어요. 식민지를 차지한 국가들과 뒤늦게 식민지를 차지하려는 국가들 사이에서 충돌이 일어난 것이지요. 이 전쟁에서 동맹국 측이 패배하면서 독일은 막대한 배상금을 물게 돼요.

● 제2차 세계대전

1939년부터 1945년까지 6년간 지속된 전쟁이에요. 독일·이탈리아·일본을 중심으로 한 침략국과 영국·프랑스·미국·소련 등을 중심으로 한 연합국이 대립했지요. 유럽, 아시아, 북아프리카, 태평양 등이 전쟁의 무대가 되었어요. 독일 나치의 유대인 박해도 이 기간에 발생한 사건이지요. 지금까지의 인류 역사에서 가장 큰 인명과 재산 피해를 낳은 전쟁이라고 일컬어져요.

신나는 토론을 위한 맞춤 가이드

국제 분쟁에 대한 이야기를 재미있게 읽었나요? 이제 국제 분쟁에 관한 한 박사가 다 되었다고요? 그 전에 마지막 단계인 토론을 잊지 마세요. 토론을 잘하려면 올바른 지식과 다양한 정보가 바탕이 되어야 해요. 책을 다 읽고 친구 또는 부모님과 함께 신 나게 토론해 봐요!

잠깐 토론과 토의는 뭐가 다르지?

토론과 토의는 모두 어떤 문제를 해결하기 위해 의견을 나누는 일입니다. 하지만 주제와 형식이 조금씩 달라요. 토의는 여러 사람의 다양한 의견을 한데 모아 협동하는 일이, 토론은 논리적인 근거로 상대방을 설득하는 일이 중요합니다. 토의는 누군가를 설득하거나 이겨야 하는 것이 아니기 때문에 서로 협력해서 생각의 폭을 넓히고 좋은 결정을 내릴 때 필요해요. 반면 토론은 한 문제를 놓고 찬성과 반대로 나뉘어 서로 대립하는 과정을 거치지요.

넓은 의미에서 토론은 토의까지 포함하는 경우가 많습니다. 토론과 토의 모두 논리적으로 생각 체계를 세우고, 사고력과 창의성을 높이는 데 도움을 준답니다.

토론의 올바른 자세

말하는 사람
❶ 자신의 말이 잘 전달되도록 또박또박 말해요.
❷ 바닥이나 책상을 보지 말고 앞을 보고 말해요.
❸ 상대방이 자신의 주장과 달라도 존중해 주어요.
❹ 주어진 시간에만 말을 해요.
❺ 할 말을 미리 간단히 적어 두면 좋아요.

듣는 사람
❶ 상대방에게 집중하면서 어떤 말을 하는지 열심히 들어요.
❷ 비스듬히 앉지 말고 단정한 자세를 해요.
❸ 상대방이 말하는 중간에 끼어들지 않아요.
❹ 다른 사람과 떠들거나 딴짓을 하지 않아요.
❺ 상대방의 말을 적으며 자기 생각과 비교해 봐요.

| 체계적으로 생각하기 |

국제 분쟁은 왜 계속 일어나는 걸까?

국제 분쟁은 왜 계속 일어나는 걸까요? 다음 글을 읽고 국제 분쟁이 계속되는 원인을 생각해 봅시다.

지난 20세기 말, 오랜 세월 동안 지구촌의 질서를 동과 서로 양분했던 냉전체제가 구소련의 몰락과 함께 종식되면서 세계 각국은 안정과 평화의 시대가 당분간은 지속될 것을 기대했었다. 그러나 새로운 밀레니엄이 시작된 지금 지구촌은 오히려 전례 없는 규모의 분쟁에 시달리고 있다. 냉전종식 후 힘의 공백과 식민지배의 유산 등으로 민족—종교 갈등이 야기되면서 아프리카, 구 유고슬라비아 지역, 러시아 체첸공화국, 북아일랜드 등 국지적 분쟁은 더욱 기승을 부리고 있다.

아시아와 아프리카 그리고 일부 중동 지역에는 19~20세기 서구 열강이 일방적으로 그은 국경선, 민족 간 또는 국가 간의 종교적 이념 차이 등이 갈등요인으로 남아 있다. 부족 간 경계나 지형 등을 무시한 국경은 민족—종교 분쟁을 고질병으로 만들었고 아프가니스탄 콜롬비아, 구 유고슬라비아 지역, 알바니아, 소말리아 등 법과 질서가 정착되지 않은 지역에서는 지방의 무장세력이 독자적으로 생성, 세력을 얻어 가면서 분쟁이 일상화하고 있다. 미국 하버드대의 조지프 S. 나이 교수는 "냉전종식 이후 대규모 전쟁의 발발 가능성은 줄었지만 국지적 분쟁과 이에 대한 외국 또는 국제기구의 개입 압력은 가중될 것"이라고 말했다. 냉전종식은 세계 각지에서 민족주의를 부활시켰다. 동유럽과 옛 소련 지역은 공산당체제 붕괴 이후 민족 정체성에 눈을 뜨면서 민족—종교 분쟁이 속출하고 있다. 냉전 이후 세계질서 재편과정에서 강대국이 효과적으로 국지분쟁에 개입하지 못하게 되면서 분쟁이 촉발된다는 지적도 있다.
(출처 : 김상범, 「테러리즘의 발전 추세와 미래 양상」, 『국방연구 제45권』)

1. 위의 글에 따르면 냉전이 끝난 이후 사람들이 예상한 국제 사회의 모습은 어떤 것이었나요?

2. 위의 글은 세계 곳곳에서 분쟁이 끊이지 않는 원인이 무엇이라고 주장하나요?

| 논리적으로 말하기 1 |

우리나라가 겪고 있는 국제 분쟁에는 어떤 것들이 있을까?

다음 기사들은 우리나라가 인접국들과 겪고 있는 분쟁에 대해 말하고 있어요. 국제 분쟁은 먼 나라의 일이 아니라 오늘날 우리나라도 맞닥뜨리고 있는 현실이에요. 기사를 읽고 아래에 제시한 문제에 대해 생각해 봐요.

- 여야 의원 10명이 꾸린 '국회 독도방문단'이 15일 광복절을 맞아 독도에 방문했다. 국회 독도방문단은 독도경비대원들을 격려한 뒤 독도의 각종 시설과 해양 생태계 등을 둘러봤다. 이번 여야 의원들의 독도 방문에 대해 일본 정부는 "다케시마(독도) 영유권에 관한 일본의 입장에 비춰볼 때 매우 유감"이라고 밝혔다. 이에 나 의원은 "대한민국의 국회의원으로서 통상적인 의정 활동의 하나로 우리나라 영토를 방문하는 것인데 일본이 과민하게 반응하는 것을 도저히 이해할 수 없다"고 말했다. (D 일보)
- 7일 무역업계에 따르면 사드 배치에 대한 중국의 보복으로 의심되는 신호가 한중 무역 현장 곳곳에서 감지되고 있다. 지금은 상대적으로 주목을 덜 받는 중소 제조업체 또는 무역업체들이 주요 타깃이다. 하지만 향후 대기업들의 주력 수출 품목들도 영향을 피해 갈 수 없을 것이란 우려가 나온다. 중소 무역업체 A사 관계자는 "보따리상이 기존에는 아무 문제없이 운반하던 제품들도 사드 발표 후 세관에서 압류한다든지 반송을 시키는 사례가 부쩍 늘었다"며 "(대량으로 물건을 나르는) 컨테이너 반입 시에도 통관 검사가 더 심해졌다"고 말했다. 다른 물류기업 B사 측도 "일주일 전부터 세관 절차가 훨씬 까다로워졌다"고 했다. (D 일보)

1. 우리나라가 겪고 있는 국제 분쟁에는 어떤 것들이 있나요? 기사를 읽고 정리해 봐요.

2. 나라 간의 관계는 상황에 따라 좋을 수도, 나쁠 수도 있어요. 우리나라와 이런 관계에 있는 또 다른 나라가 있는지 생각해 봐요.

| 논리적으로 말하기 2 |

평화로운 남북 관계를 위해서는 어떻게 해야 할까?

우리는 남한과 북한으로 분단된 국가에 살고 있어요. 1953년 휴전 이래로 전쟁을 '쉬고' 있는 상황이지요. 이곳에서 나고 자란 우리는 잘 인식하지 못하지만, 다른 나라에서 보기에 대한민국은 충분히 전쟁이나 분쟁에 휘말릴 가능성이 높은 나라예요. 다음 뉴스를 보고 질문에 답해 보세요.

앵커 : 북한이 매일 위협적인 발언을 하더니, 급기야 남한에 있는 외국인들에게 전쟁 대피 대책을 세우라고 밝혔습니다. 빠르면 내일 미사일을 쏠 거라는 얘기까지 나오고 있습니다. 취재기자 연결합니다. 고정원 기자! 북한이 남한에 있는 외국인들의 신변 안전을 거론했죠?

기자 : 네, 북한은 전쟁이 터질 경우 남한에 있는 외국인들이 피해를 보는 걸 바라지 않는다면서 사전에 대피 대책을 세우라고 밝혔습니다. 특히 대상도 구체적으로 언급했다는 점이 주목을 끕니다. 서울을 비롯해 남한에 있는 모든 외국기관과 기업들, 관광객을 포함한 외국인들을 지목했습니다. 또 북한은 이번에도 미국의 적대행위, 그리고 첨단 핵무기들을 한반도에 잇따라 투입시켜 전쟁을 도발했기 때문에 경고하는 것이라고 밝혔습니다. 북한은 "전쟁의 도화선에 불이 붙으면 전면전으로서 무자비한 보복성전이 될 것"이라고 밝혔는데요. 북한의 이 같은 언급은 한반도의 불안을 가중시키려는 일종의 심리전으로 보입니다.

1. 위의 뉴스를 들은 우리나라에 거주하는 외국인들은 어떤 생각을 했을까요?

2. 북한의 공개적인 위협을 뉴스에서는 무엇 때문이라고 분석했나요?

3. 우리나라 정부와 시민들은 어떻게 대응해야 할까요?

4. 한반도를 안정시키고 평화로운 통일을 하기 위해서는 어떻게 해야 할까요?

창의력 키우기

중국과 일본의 동중국해 열도 분쟁, 중국과 필리핀의 남중국해 분쟁, 영국의 브렉시트, 이스라엘과 팔레스타인의 대립 등 전 세계적으로 종교나 자원, 자국의 이해관계 때문에 국제 분쟁이 많이 일어나고 있어요. 이러한 분쟁 없는 세상을 만들기 위해서는 어떻게 해야 할까요?
여러분이 유엔의 책임자라고 가정하고 평화롭게 공존할 수 있는 방법을 적어 보세요.

■ 국제 분쟁은 왜 계속 일어나는 걸까?

1. 안정과 평화의 시대가 당분간 이어질 것이라고 생각했어요.
2. ① 서구 열강이 민족이나 종교를 무시하고 정한 국경선이 갈등을 일으키고 있어요.
   ② 냉전이 끝나고 민족 정체성이 중시되면서 분쟁이 일어나고 있어요.
   ③ 강대국이 분쟁에 효과적으로 개입하지 못하면서 분쟁이 심해지고 있어요.

■ 우리나라가 겪고 있는 국제 분쟁에는 어떤 것들이 있을까?

1. 독도를 놓고 일본과 갈등을 겪고 있습니다.
   사드 배치를 두고 중국과 갈등을 겪고 있습니다.
2. ① 일본과는 독도를 두고 갈등을 겪고 있고, 역사적으로도 사이가 좋지 않아요. 하지만 경제적으로는 많은 교류가 오가는 사이예요.
   ② 미국과도 군사·경제적으로 돈독한 관계를 유지하고 있지만, 우리나라에 주둔한 미군이 범죄를 저지를 경우 반미감정이 나타나기도 해요.
   ③ 북한이 미사일을 발사하면서 우리나라를 위협하고 있어요.
   ④ 중국과는 서해와 이어도를 놓고 갈등을 겪고 있어요. 하지만 경제적으로 많은 교류가 오가는 사이지요.

■ 평화로운 남북관계를 위해서는 어떻게 해야 할까?

1. 한반도에서 전쟁이 또 벌어질 수 있다는 위기감을 느꼈을 거예요.
2. 불안감을 높이려는 심리전이라고 분석했어요.
3. 정부는 북한의 잘못된 행동에 단호하게 대응해서 사태를 해결해야 해요. 시민들은 침착하게 행동하면서도 뉴스에 귀 기울여 만약의 사태에 대비해야 해요.
4. 북한은 자신들의 이익을 위해서 남한을 위협하거나 불안하게 해서는 안 돼요. 남한은 철저하게 대비하면서도 대화와 설득을 통해 북한이 국제 사회에 참여할 수 있도록 해야 해요.